Sunset

PLOMERÍA BÁSICA ILUSTRADA

MAY 1995

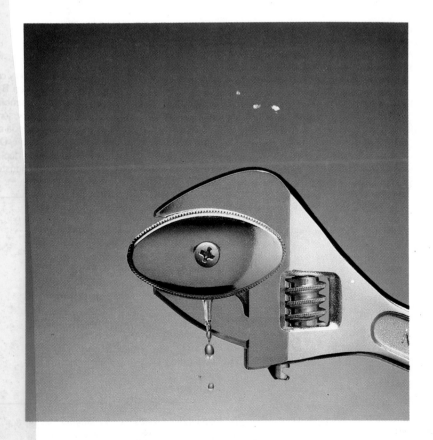

EDITORIAL TRILLAS

México, Argentina, España,
Colombia, Puerto Rico, Venezuela

Catalogación en la fuente

> *Plomería básica ilustrada / [Lane Publishing*
> *Company] -- México : Trillas, 1993.*
> *96 p. : il. col. ; 27 cm. -- (Sunset)*
> *Traducción de: Basic plumbing illustrated*
> *Incluye índices*
> *ISBN 968-24-4585-X*
>
> *1. Plomería - Manuales, etc. I. Lane Publishing*
> *Company. II. Ser.*
>
> *LC- TH6123'P5   D- 644.6'P628*

Título de esta obra en inglés:
Basic plumbing illustrated

Versión autorizada en español de la segunda edición
publicada en inglés por
© Lane Publishing Co.,
ISBN 0-376-01466-0

Derechos reservados en lengua española
© 1993, Editorial Trillas, S. A. de C. V.,
Av. Río Churubusco 385, Col. Pedro María Anaya,
C.P. 03340, México, D. F.
Tel. 6884233, FAX 6041364

División Comercial, Calz. de la Viga 1132, C.P. 09439
México, D. F., Tel. 6330995, FAX 6330870

Miembro de la Cámara Nacional de la
Industria Editorial. Reg. núm. 158

Primera edición en español, octubre 1993
ISBN 968-24-4585-X

Impreso en México
Printed in Mexico

Esta obra se terminó de imprimir y encuadernar
el 15 de octubre de 1993,
en los talleres de Rotodiseño y Color, S. A. de C. V.,
San Felipe núm. 26, Col. Xoco,
C.P. 03340, México, D. F.
Se tiraron
3 000 ejemplares, más sobrantes de reposición.

GI, ES'90

Nuestro especial agradecimiento. . .

Por su asesoría profesional, minuciosa revisión y considerado apoyo, a Leonard Pittz del Atherton Building Department, Dick Schmitz de Bergie Plumbing, y Tom Tyler de K. L. Martin Plumbing. Otras personas que generosamente compartieron su experiencia con nosotros son Randy Bettis de Engelhart Electric, Dick Henry de Henry Construction, Bud Hopkins de Hopkins Plumbing y Daniel Ugarte de Harrington Industrial Plastics.

Editor supervisor
Maureen Williams Zimmerman

Investigación y texto
Karen A. L. Boswell
Michael Scofield
Scott Atkinson

Diseño
Joe de Chiarro

Ilustraciones
Rick Olson
Mark Pechenik

Portada: diseñada por Naganama Design & Direction. La fotografía estuvo a cargo de Lloyd Hryciw.

Índice de contenido

SECCIONES ESPECIALES

Respuestas rápidas a preguntas sobre plomería

P. Algunas veces cuando descargo el inodoro, se queda pasando agua hasta que zangoloteo el maneral. ¿Qué debo hacer?

R. Parece ser que el maneral de descarga del inodoro se atora, ocasionando que el tapón del tanque (véase la página 32) se quede abierto. Esto permite que el agua en el tanque corra continuamente hacia la taza. Haga un ajuste mediante aceitar, apretar o cambiar el maneral de descarga. Consulte la página 37 de la "Guía para hacer composturas" donde se presentan los detalles.

P. En el tubo de agua caliente que va al fregadero de la cocina hay una fuga. ¿Cómo puedo hacer una compostura rápida?

R. Para detener provisionalmente una fuga menor, rompa la punta de un lápiz dentro del hoyo y después enrolle el tubo dándole tres vueltas de cinta de aislar plástica, prolongue la cinta 7.5 cm a cada lado del hoyo. También puede afianzar un pedazo de hule, por ejemplo un guante de hule viejo, sobre la fuga. En la página 43 se explican más técnicas para parchar tubos provisionalmente. Sin embargo, si es una fuga mayor de inmediato cierre el suministro de agua desde la válvula principal (véase la página 23) y cambie el tubo (páginas 47-58).

P. Cuando la lavadora de ropa cierra bruscamente el paso del agua, los tubos de alimentación de agua hacen un ruido resonante fuerte. ¿Hay algo que pueda hacer para detenerlo?

R. El golpe de ariete (el ruido que describe) ocurre porque el agua en los tubos golpea en un tapón, causando una onda de choque y un ruido de martilleo. No sólo es molesto sino que también es destructivo para los tubos.

El golpe de ariete se puede minimizar o suprimir instalando cámaras de aire, piezas de tubo que tienen sólo una salida (véase la página 45). La mayoría de los fabricantes de lavadoras de ropa recomiendan colocar cámaras extra largas, hasta de 60 cm, para amortiguar los cierres bruscos de agua. En la página 85, en "Instalación de una lavadora de ropa", podrá encontrar la solución a éste y otros problemas que se relacionan.

Para saber cómo instalar o componer (el agua desaguada de) una cámara de aire, lea "Tubos ruidosos" en la página 45.

P. En mi baño tengo una llave antigua de latón que quiero conservar, pero constantemente gotea agua caliente. Cambié la arandela de la llave de agua caliente, pero el surtidor sigue goteando. ¿Cómo puedo componer la llave para que deje de desperdiciar agua caliente?

R. En una llave de compresión como la suya la fuga la causa una arandela defectuosa de asiento o un asiento de válvula deteriorado (véanse las páginas 13-14). La mayoría de los asientos de válvula se pueden cambiar por otros iguales, utilizando una llave adecuada para válvula (véase "Herramientas que hay que tener a la mano", página 11). Si el asiento de la válvula desgastada es de los que no se pueden desarmar, utilice un rectificador de asiento de válvula para pulirlo hasta que quede liso. Véanse las páginas 13-18 donde se presenta más información sobre cómo componer las llaves de compresión y de monomando.

P. ¿Se debe utilizar tubo de plástico o de cobre para instalar un ablandador de agua al sistema?

R. Primero revise. En algunas áreas no se autoriza su uso, y en otras se permite en todo excepto para tubos de suministro de agua potable. Si está autorizado, la tubería de plástico puede ser la mejor opción, porque es menos cara, fácil de trabajar (cortar, unir y maniobrar), es autoaislante y resistente al clima y a la corrosión. No obstante esté prevenido: el tubo de plástico también tiene sus desventajas. Antes de tomar una decisión, lea las páginas 47-55 en el capítulo "Cómo se hacen las conexiones", donde se presentan todos los detalles. También, véase la página 90 ahí se da la información sobre cómo instalar los ablandadores de agua.

P. ¿Qué causa que el calentador de agua haga fuertes ruidos?

R. Las dos causas más comunes de esos ruidos son el vapor y el sedimento en el tanque (véase "Problemas en el calentador de agua", páginas 38-39). A menudo los problemas de vapor se pueden corregir simplemente bajando el ajuste del termostato. Si sospecha de que el termostato está fallando, baje toda la temperatura; después si la fuente de calor no se apaga, habrá que cambiarlo.

Para deshacerse del problema causado por el sedimento en el calentador de agua,

abra la válvula de desahogo de la parte inferior del tanque y desagüe un poco de agua hasta que salga limpia. Desaguar el sedimento debe eliminar los problemas de ruido y permitir al calentador funcionar eficientemente. Los detalles sobre cómo reemplazar un calentador de agua se encuentran en las páginas 88-89 en el capítulo "Mejoras a las instalaciones de plomería".

P. Siempre hay un aro de jabón en el lavabo porque el tapón del desagüe automático no se levanta lo suficiente para que el agua salga rápido. ¿Cómo se ajusta?

R. Si el tapón está tan apretado que el lavabo no desagua apropiadamente, necesitará meterse debajo del lavabo para volver a ajustar la varilla de pivote (véase la página 21) oprimiendo la abrazadera de resorte e insertar la varilla en la siguiente perforación hacia arriba. También, quite el tapón del desagüe automático y límpielo periódicamente. El cabello y los desechos pueden hacer que el desagüe sea lento.

P. Necesito cortar una pieza de tubo de cobre nueva para el tendido hidráulico del fregadero. ¿Cuáles son las mejores herramientas y técnicas?

R. Lo mejor es usar un cortador de tubo (véase la figura 6c en la página 49) con una cuchilla especialmente diseñada para cortar tubo de cobre. También puede utilizar una sierra para cortar metal con dientes finos. Es más difícil hacer un corte recto con la sierra. Después de cortar el tubo, lime cualquier rebaba por dentro y por fuera con una lima de mediacaña. Los detalles completos sobre el tubo de cobre, incluyendo cómo quitar y medir, soldar y afianzar el tubo se encuentran en las páginas 52-55.

P. Hay quienes tienen un generador instantáneo de agua caliente instalado en el fregadero de la cocina y dicen que ahorran energía porque el generador elimina la necesidad de hervir agua para té, café, sopa y cosas así. ¿Podría yo instalar un generador de agua caliente?

R. En un rato se puede hacer la conexión de plomería y la instalación de casi todo el generador de agua caliente, a reserva de que esté familiarizado con las técnicas de tendido de alambre, mejor deje la instalación eléctrica en manos de un profesional. El proyecto abarca conectar la llave del generador en el reborde o en la contracubierta del fregadero, conectar al tubo de agua fría con una conexión "T" con abrazadera e instalar el soporte del tanque de agua caliente debajo del fregadero. Consulte la página 84 en el capítulo "Mejoras a las instalaciones de plomería", donde se presentan los detalles de instalación.

Dicho sea de paso, es correcto que el generador ahorra energía. En la página 59, véase la sección especial "Consejos para la conservación de la energía", se presenta información adicional sobre aparatos eléctricos y dispositivos de ahorro.

P. En verdad no se nada de plomería. Los propósitos de los tubos de alimentación y de drenaje parecen bastante claros, pero ¿cuál es el fin de los tubos de ventilación?

R. La plomería funciona debido a la constante presión del agua (alrededor de 50 libras por pulgada cuadrada) en los tubos de alimentación de agua caliente y fría, a la succión por gravedad en los tubos de drenaje, y al equilibrio de la presión de aire en los tubos de ventilación. Toda instalación requiere de ventilación para desechar los gases de albañal y para evitar formaciones que ocasionan presión en los tubos. Para saber más véase "Cómo funciona la plomería", página 7.

P. Queremos añadir una segunda tarja de lavabo en el baño principal. ¿Se pueden prolongar los tubos que ya están instalados?

R. Sí, generalmente. Es necesario conectar los tubos de alimentación, de drenaje y de ventilación existentes, tender tubería nueva hacia la localización deseada e instalar la nueva tarja. Las instrucciones, paso a paso, se encuentran en la sección especial "Instalación de una segunda tarja" en la página 71 y la información acerca de cómo instalar lavabos en las páginas 72-73.

P. Ya traté de destapar una tina con un destapador de drenaje y con destapacaños químicos, pero la tina sigue tapada. ¿Qué otra cosa puedo hacer antes de recurrir a un plomero?

R. Cuando trabaje con agua que contenga destapacaños químicos, utilice guantes de hule, saque el agua estancada, no bombee con el destapador y evite salpicar, en especial ojos y cara.

Para con una obstrucción obstinada, utilice una guía como se describe en las páginas 27 y 29. Para dispersar la obstrucción introduzca una guía por el drenaje o por el tubo de rebosadero hacia el cespol. Si no funciona, probablemente el problema esté más adentro, en el drenaje principal. Para el siguiente paso, véanse las páginas 30-31 en "Obstrucciones en el drenaje principal".

P. ¿Antes de reemplazar un inodoro anticuado, podría darme algunos consejos para elegir uno nuevo?

R. Primero, elija un inodoro que ahorre agua (véase "Consejos para ahorrar agua", páginas 80-81), ya que en una casa el inodoro es el consumidor más importante de agua. Compre un inodoro que esté listo para instalar, con el ensamble de descarga en su lugar. Lo más importante, mida con cuidado la distancia de instalación (página 78) y seleccione un inodoro que corresponda idóneamente al espacio.

La instalación real requiere de un poco de fuerza (cargar el inodoro viejo y el nuevo) y algo de tiempo, si puede hacerlo usted mismo le ahorrará el alto costo del plomero.

P. ¿Qué tan difícil es planear e instalar un sistema de aspersor de riego para el jardín del frente?

R. Es más sencillo de lo que piensa, lea la sección especial "Instalación de un sistema de aspersor de riego" en las páginas 92-93. Estudie las diferentes características y tipos de aspersores a la venta. Elija un vendedor o un fabricante profesionales y pida que le ayude con la planeación. Debe considerar el tamaño del área a regar; la localización de áreas con flores, rejas y caminos; y el tipo de clima, tierra y césped que quiere. Si bien excavar zanjas puede ser pesado e instalar las válvulas y un contador, ser engañoso, la instalación real de los tubos y las cabezas de aspersor es simple, en especial si utiliza tubo de plástico.

P. Cuando el clima asciende en temperatura y humedad el tanque del inodoro exuda tanto que puede aflojar el azulejo del piso debajo del tanque. ¿Qué se puede hacer para evitar la condensación en el tanque del inodoro?

R. Antes de abordar un problema de tanque que exuda, cerciórese de que no exista una fuga (véase la página 37). Para detener la condensación en el tanque, instale dentro un revestimiento de espuma (se consigue fácilmente) o piezas de 12 mm de espesor de hule alveolar (véase la página 37). Necesitará vaciar el tanque antes de pegar el caucho en su lugar.

Otra solución, aun cuando es más cara y complicada, es instalar una válvula de temple (véase la página 37).

P. El cespol abajo del fregadero de la cocina está corroído y ha empezado a gotear. Me gustaría cambiarlo pero no sé por dónde empezar.

R. La parte más difícil de reemplazar un cespol es aflojar los coples que algunas veces están pegados. Comience por vaciar en una cubeta el cespol a través de la tapa de su registro (si tiene tapa). Para quitar los coples en el adaptador general de espiga y en el tubo de drenaje, con una llave para tuercas con las tenazas cubiertas, force los coples en sentido contrario al de las manecillas del reloj. Antes de instalar un cespol nuevo, para evitar fugas cubra la rosca de los tubos de enlace con lubricante o cinta para enrollar tubo. En "Problemas en el cespol", páginas 24-25, se indica cómo hacerlo.

P. El lavaplatos no desagua correctamente. ¿Hay algún consejo adecuado antes de llamar para que vengan a componerla?

R. Hay tres causas comunes para el agua estancada en el fondo de un lavaplatos: está tapada la canasta del filtro de la tina del lavaplatos, está sucio el intervalo de aire, o está sucia la lazada de la manguera que ventila el aparato. Cada uno de estos problemas tiene una solución fácil, sólo limpie la mugre, la grasa o la formación que ocasiona el alimento. Para saber cómo hacerlo véase la tabla sobre problemas en el lavaplatos en la página 41.

P. Estamos pensando añadir un nuevo baño completo en nuestra casa. ¿Podríamos saber qué sucederá cuando lleguemos a la parte de plomería de este caro proyecto?

R. Lea "Planeamiento preliminar para prolongar el tubo" en las páginas 60-65 antes de empezar. Esta sección destaca el proceso de planeación, las restricciones del reglamento, las opciones de ventilación y las técnicas para localizar y cómo poner al descubierto los tubos. Cómo hacer los enlaces de los tubos; cómo hacer el tendido del tubo nuevo y la planeación preliminar de las instalaciones.

Necesitará saber

Cómo funciona la plomería

Si su experiencia con la plomería se limita a abrir y a cerrar una llave de agua, se sorprenderá de la sencillez del sistema de tubos que hay detrás de las llaves de agua. En realidad, son tres los sistemas: hidráulico, sanitario y de ventilación. Antes de iniciar cualquier trabajo de plomería, no importa el tamaño, es aconsejable familiarizarse con los sistemas. Una vez que conozca cómo opera la plomería; descubrirá que hacer composturas o agregar instalaciones consiste simplemente en que sea una serie de conexiones lógicas.

■ *El sistema hidráulico* conduce el agua que viene de la toma de distribución, de un depósito o un pozo a la casa y a las instalaciones (fregaderos, regaderas, inodoros) y a los aparatos domésticos tales como lavadora de ropa, de platos y otras.

■ *El sistema sanitario* lleva el agua de desperdicio y los desechos de la casa a un albañal, a una fosa séptica o al ramal de desagüe

■ *El sistema de ventilación* expulsa los gases del albañal y conserva la presión atmosférica en los tubos de desagüe, impidiendo que los gases nocivos penetren a las áreas habitacionales.

Sistema hidráulico

Si recibe el agua del servicio público regular y usa el drenaje público, probablemente le llegue por medio de una toma subterránea que pasa a través de un medidor de agua y una válvula centralizada. El medidor lo encontrará ya sea en el primer piso, en el garaje o en el exterior, cerca del límite de la propiedad. La válvula de cierre principal, con la cual se abre y se cierra el agua que se introduce en toda la casa, por lo general se encuentra cerca del medidor central.

Si el servicio de agua y el drenaje de su casa no lo controlan medidores, es probable que la válvula principal de cierre se encuentre en el límite de la propiedad; si no puede localizarla, averígüelo en la compañía. En los lugares donde el agua proviene de algún pozo privado, por lo general la válvula de cierre se encuentra donde la toma de agua penetra a la casa, o en el pozo, o en ambos.

Por lo general, lo toma de agua que entra a la casa es por un tubo de 1 pulgada de diámetro que se encuentra a una presión máxima de 22.68 kg por pulgada cuadra-

da, si bien la presión varía en distintos lugares (véase la página 42 donde se tratan los problemas relativos a la presión del agua).

Si ablanda o filtra el agua de su casa, las unidades de tratamiento estarán ligadas al punto de la entrada del agua a la casa. Por lo general el "ablandador" de agua se instala a un ramal que va al calentador, de modo que sólo debe observar el agua caliente que se utiliza para lavar la ropa o usar los baños. Los inyectores químicos o filtros estarán en la toma principal de la planta baja o en el garaje u otro lugar adyacente.

Una vez dentro de la casa, la toma de agua se ramifica en tubos de diámetro menor para surtir agua a todas las instalaciones y a los aparatos que usan agua. Un tubo horizontal independiente llega al calentador de agua, después corre paralelo a los tubos (de agua fría) que van a la cocina, lavandería y baños de toda la casa (véase la **figura 1**).

Por lo general, para el agua, caliente o fría, se usa tubo de ³/₄ de pulgada de diámetro, y para los ramales que alimentan las instalaciones se usa tubo de 1/2 pulgada de metal galvanizado, de cobre o de PVC. Los reglamentos locales, las prácticas y la antigüedad de la casa influirán en el tipo de tubo y conexión existente y determinarán lo que se deberá usar si está planeando cualquier cambio o ampliación (véase el capítulo "Cómo se hacen las conexiones", que principia en la página 46).

A los tubos que corren verticalmente de un piso a otro se les llama tubería vertical ya que esta es su porción. A menudo la tubería vertical larga se apoya en la base por medio de plataformas y se ancla con tornillos en la pared. Por lo general los tubos que corren horizontalmente se afianzan con viguetas de lámina en el piso.

Los tubos en línea se instalan con una ligera pendiente en el recorrido, inclinados hacia atrás con respecto al punto más bajo, de manera que todos los tubos puedan ser desaguados. A veces en el punto más bajo se coloca una válvula que se puede abrir para desaguar (o "purgar") el sistema.

Forma de cerra el suministro de agua. La mayoría de las instalaciones y aparatos domésticos que utilizan agua tienen sus propias válvulas que les permiten trabajar en un lugar específico sin tener que cerrar la llave maestra. Para prever una emergencia todos los miembros de la familia deberían conocer la forma de cerrar el suministro de agua, tanto de las instalaciones individualizadas" como de la válvula de

cierre de la toma general de la calle (véase la página 23).

Tubos para gas y para el sistema de calefacción. Si planea realizar un trabajo de plomería, debe poder distinguir los tubos del suministro de agua de los tubos que llevan el gas natural o propano a la casa, a la estufa de gas, secadora o calentador de agua. Un tubo que lleva gas por lo general es un tubo negro (a veces galvanizado) que corre directamente desde el medidor hasta el aparato doméstico de gas o sistema de calefacción. Es obligatorio que cada tubo de suministro tenga una válvula de cierre "individual" para mayor protección. No trate de trabajar en tuberías de gas es muy peligroso, mejor ocuda a un experto.

Los tubos del sistema de calefacción exigen la misma precaución. Para localizar los tubos de calefacción (agua caliente o vapor), sígales la pista entre cada salida de calefacción y el calentador u otra fuente de calor. Y, por supuesto, deje invariablemente las composturas en manos expertas.

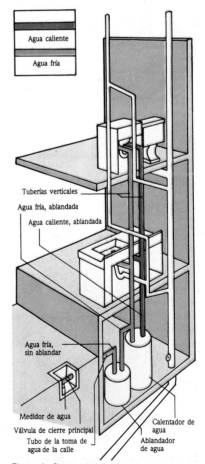

Figura 1. Sistema hidráulico.

Sistema sanitario

A diferencia del sistema hidráulico, el cual lleva el agua bajo presión, el sistema sanitario se deshace del agua y de los desechos utilizando la fuerza de gravedad. Estos tubos desplazan los desperdicios de todas las instalaciones mediante una pendiente cuidadosamente calculada. Si la pendiente es demasiado exagerada, el agua se precipitará muy rápido y dejará partículas; si no está lo suficientemente inclinada, el agua y el desecho escurrirán demasiado lento y pueden regresar. La pendiente normal es de $1/2$ cm de declive por cada 30 cm horizontales del tubo correspondiente.

El impulsor en el sistema sanitario es el desagüe de aguas negras con ventilación, sección vertical de tubo de 3 o 4 pulgadas de diámetro que acarrean desecho de inodoros (y a menudo de otras instalaciones) el cual se conecta al drenaje principal de la casa en el pirmer piso o al garaje. De aquí, el desecho pasa a un albañal o fosa séptica (véase la **figura 2**).

Todo sistema se obstruye en alguna ocasión, por lo que se colocan registros en los tubos de desagüe. Lo ideal es que haya un registro en cada sección horizontal de tubo de desagüe, además de un registro en el exterior para tener acceso al albañal o a la fosa séptica. Por lo general el registro es en "Y" sanitaria con ángulo a 45° (véase la **figura 3**) o en "T" sanitaria con ángulo a 90° (véase la **figura 4**), lo que hace posible insertar una guía o sonda en el tubo de desagüe principal para despejar las posibles obstrucciones.

Sistema de ventilación

Para impedir que los gases del albañal penetren a la casa, cada instalación debe tener un cespol con ventilación en el tubo de desagüe. Se cespol es un tubo curvo que permanece todo el tiempo lleno de agua para evitar que los gases salgan de los drenajes. Los hay de dos tipos básicos: formados de tubos curvos sencillos o tubos y codos: cespol P (véase la **figura 5**) y cespol S (véase la **figura 6**).

Los tubos de ventilación del sistema de ventilación están diseñados para librarse del gas del albañal y para impedir que aumente la presión en los tubos que sí son de ventilación. Éstos salen de los tubos de drenaje por debajo de los cespoles y hacia arriba a través del techo (véase la **figura 2**), mantienen la presión atmosférica en los tubos.

Toda instalación de plomería en una casa debe estar ventilada. Por lo general, la casa tiene un tubo de ventilación principal, mínimo de 4 pulgadas de diámetro y a éste se conectan los tubos de ventilación secundaria de 1 $1/2$ y de 2 pulgadas. En muchas casas, especialmente de una planta, las instalaciones excesivamente separadas hacen poco práctico el uso de un solo tubo central de ventilación. Bajo esta circunstancia, cada instalación o grupo de instalación o parte de ella tiene su propia conexión para desechos y su propio tubo de ventilación independiente.

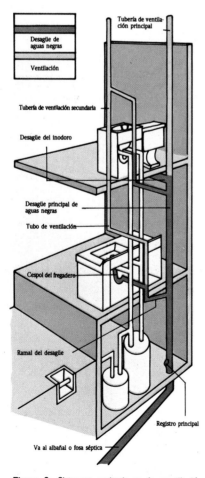

Figura 2. Sistemas sanitario y de ventilación (S y V).

Figura 3. "Y" sanitaria con registro y tapa.

Figura 4. "T" Sanitaria.

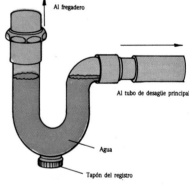

Figura 5. Cespol "P".

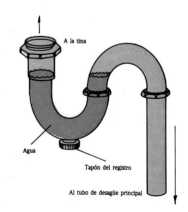

Figura 6. Cespol "S".

Sistema de plomería característico

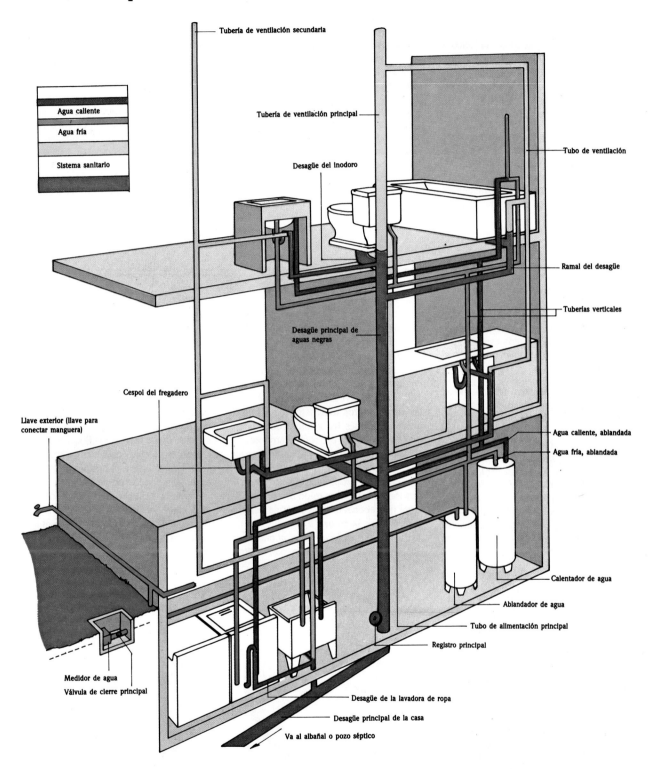

Tubería de ventilación secundaria

Tubería de ventilación principal

Tubo de ventilación

Agua caliente

Agua fría

Sistema sanitario

Desagüe del inodoro

Ramal del desagüe

Tuberías verticales

Desagüe principal de aguas negras

Cespol del fregadero

Llave exterior (llave para conectar manguera)

Agua caliente, ablandada

Agua fría, ablandada

Calentador de agua

Ablandador de agua

Tubo de alimentación principal

Registro principal

Medidor de agua

Válvula de cierre principal

Desagüe de la lavadora de ropa

Desagüe principal de la casa

Va al albañal o pozo séptico

Tres sistemas autónomos pero interdependientes (hidráulico, sanitario y de ventilación) forman el sistema de plomería característico. Aquí se presenta una vista entre bastidores de cada uno. El sistema hidráulico es el que trae el agua (bajo presión) a la casa, ésta pasa por un medidor de agua (si se requiere) y una válvula general de cierre. El ramal de la tubería de alimentación surte a todas las instalaciones y aparatos domésticos que usan agua en la casa y las llaves fuera de la casa. El sistema sanitario se deshace del agua desechada y de los deperdicios de la casa (con la ayuda de la gravedad y desagüe principal las aguas negras llegan al albañal o a la fosa séptica. El sistema de ventilación expulsa los gases del albañal de cada una de las instalaciones y mantiene presión correcta dentro de los tubos de desagüe.

Reglamentos y licencias para la plomería

¿Para qué son necesarios los reglamentos y las licencias en la plomería? Establecen normas para proteger la salud y la seguridad, y para ver que las normas se acaten. La plomería mal instalada puede ocasionar serios peligros de salud y de seguridad, como gas tóxico que escapa, tubos que revientan, inundaciones y cortocircuitos.

Existen varios modelos de reglamento para la plomería, pero con respecto a métodos, materiales y diseño difieren de acuerdo a las leyes locales de un distrito o municipio a otro. Los reglamentos locales invalidan los reglamentos modelo, en algunos casos.

Los materiales y los métodos que se especifican en los reglamentos locales están actualizados. En la actualidad el material más usual es el de plástico PVC. En algunos lugares aunque a veces está prohibido y en otras ocasiones se autoriza sólo para usos limitados.

Tanto un contratista como un plomero aficionado deben respetar los reglamentos. Si su trabajo no respeta el reglamento, corre el riesgo de que se rechace toda la instalación.

Antes de iniciar cualquier trabajo, hay que cerciorarse de que los proyectos de plomería se ajustan a los reglamentos y ordenanzas locales. Estudie detalladamente sus ideas con un inspector local, y cerciórese de que los métodos y los materiales que piensa utilizar son los adecuados. El inspector le dirá si necesita o no una licencia de plomería de construcción.

Los proyectos que incluyen cambios o adiciones en el sistema de plomería (específicamente, en la tubería) por lo general requieren una licencia. Sin embargo, no es necesaria para reposiciones (instalación o aparatos domésticos nuevos) o para reparaciones de emergencia, siempre y cuando el trabajo no altere el proyecto de la plomería. Cuando tenga duda, cerciórese de si necesita o no licencias, revisiones y permisos.

Cómo leer el medidor de agua

Leer un medidor de agua no es tan complicado como parece, y puede ayudar a detectar fugas como también observar el consumo de agua.

Tres tipos de medidores. El consumo de agua en su casa probablemente está medido por uno de dichos medidores.

El *medidor con seis indicadores* es el más generalizado en el uso residencial (véase la **figura a**). Cinco de sus seis indicadores (marcados 10, 100, 1 000, 10 000 100 000 para registrar el número de litros) están divididos en décimos. Las manecillas de los medidores marcados con 10 000 y 100 se mueven en el sentido de las manecillas del reloj, y las manecillas de los otros tres se mueven en sentido contrario

a las del reloj. El indicador restante, el cual, por lo general, no está dividido, mide un litro por revolución.

Para leer el medidor de seis inicadores, comience por el indicador marcado con 100 000, observe el número menor entre los dos números más cercanos a la manecilla. Después lea el indicador marcado con 10 000 y así sucesivamente.

El *medidor con cinco indicadores* se lee exactamente de la misma manera que el medidor de seis indicadores, sólo que en litros individuales que mide una manecilla larga que abarca toda la carátula del medidor (véase la **figura b**).

El *medidor de lectura digital* parece un odómetro, éste da el número total de litros

de un vistazo (véase la **figura c**). Este medidor también puede tener un indicador chico que mida un litro individual por cada revolución.

Cómo medir el consumo y detectar fugas. Seguir de cerca el consumo de agua por un aparato doméstico específico es tan sencillo como leer su medidor. Sólo reste la primera lectura a la lectura siguiente.

Para localizar una posible fuga, cierre todas las salidas de agua en la casa y observe la posición de la manecilla del indicador del litro en el medidor. Después de 30 minutos, vuelva a ver el indicador. Si la manecilla se movió, acusa una fuga.

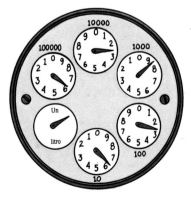

Figura a. En el medidor con seis indicadores se lee 628 260.

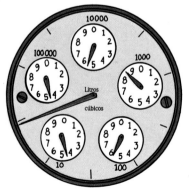

Figura b. En el medidor con cinco indicadores se lee 458 540.

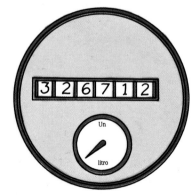

Figura c. En el medidor de lectura digital se lee 326 712.

Herramientas que hay que tener a la mano

Para llevar a cabo cualquier trabajo, son necesarias las herramientas y los materiales idóneos; la plomería indudablemente no es la excepción. Aquí se muestra la mayoría de las herramientas básicas, excepto los artículos cotidianos tales como una linterna eléctrica y otros tan elementales y de uso.

Puede hacerse una lista de varios artículos que deberá tener a la mano para reparar cualquier cosa en caso de emergencia: hojas de poliuretano, un tramo de manguera (puede ser usada) abrazaderas para mangueras automotrices, surtido de arandelas para llaves, empaques, ganchos

de alambre revestido y una amplia variedad de tuercas, pernos y rondanas metálicas. En las páginas 46-65 se muestran las herramientas especiales para los diversos tipos de tubo.

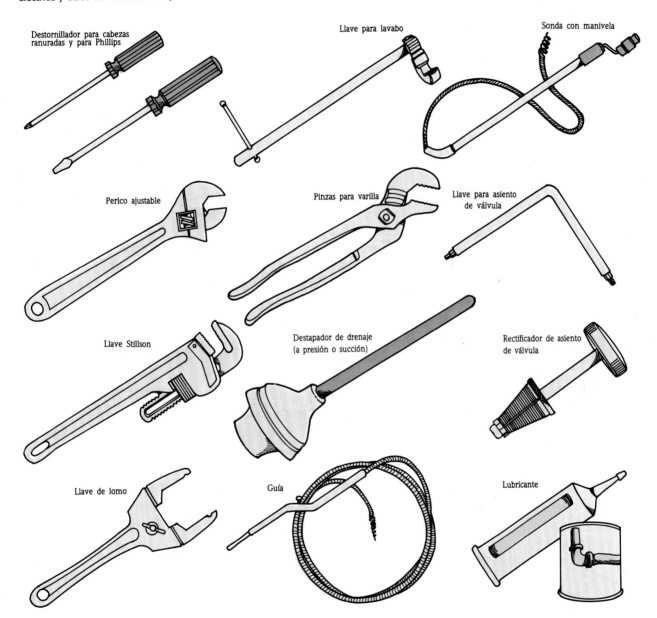

Destornillador para cabezas ranuradas y para Phillips

Llave para lavabo

Sonda con manivela

Perico ajustable

Pinzas para varilla

Llave para asiento de válvula

Llave Stillson

Destapador de drenaje (a presión o succión)

Rectificador de asiento de válvula

Llave de lomo

Guía

Lubricante

Destornilladores para ranura y para Phillips, herramientas domésticas comunes, son esenciales para arreglar llaves con fugas y otras reparaciones. **Perico ajustable** tiene tenazas lisas, es adecuado para colocar tuercas, pernos y sujetadores cuadrados y hexagonales chicos. **Llave Stillson, o llave "inglesa"** tiene tenazas dentadas, está diseñada para sujetar tubos. **Llave de lomo,** tiene tenazas amplias y lisas, se ajusta para colocar tuercas grandes en inodoros y fregaderos. **Llave para lavado** permite acceso fácil a las tuercas detrás de fregaderos y otros lugares poco accesibles.

Pinzas para varilla, o pinza con tenazas deslizante, se abren lo suficiente para quitar los cespoles del desagüe. **Destapador de drenaje,** también llamado desatrancapilas, desatasca obstrucciones utilizando presión y succión alterna según el caso. El tipo de copa de embudo que se muestra está diseñado para inodoros; se aplana para ajustarse a los desagües. **Guía,** o sonda para desagüe y cespol, se extiende de 3 a 6 metros para remover obstrucciones profundas en un desagüe. **Sonda con manivela,** herramienta de 90 cm a 1.80 m con manivela giratoria,

sirve para destapar inodoros; funciona como guía pero tiene un cuerpo protector de palo para evitar raspar la taza del inodoro. **Llave para asiento de válvula,** con un extremo cuadrado y el otro hexaganal, sirve para quitar asientos de válvulas desgastadas o dañadas. **Rectificador de asiento de válvula,** para llaves antiguas pule y empareja asientos de válvula defectuosos que no se pueden cambiar. **Lubricante,** a la venta en lata y tubo, se utiliza para lubricar, sellar y proteger la rosca de los tubos cuando se ensambla el tubo con una conexión.

Guía para hacer composturas

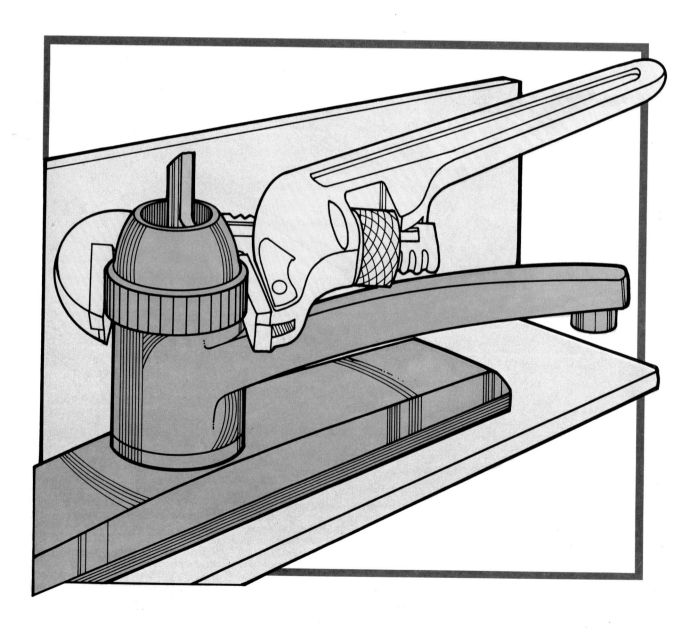

Llaves mezcladoras de compresión con fuga

El goteo constante de un surtidor o el escurrimiento persistente de un maneral no sólo significa desperdicio de agua y dinero tirado, sino que también se vuelve sumamente molesto.

El primer paso para arreglar la llave es identificar su tipo y con qué va a tratar. Hay dos tipos básicos de llaves. Uno es el diseño clásico, por lo general con dos manerales y un surtidor, se le llama de compresión, de vástago o mezcladora (véase la **figura 1**). El otro es un tipo más reciente llamado llave de monomando o sin compresión (páginas 15-18) en este tipo, la mezcla de agua caliente y fría se controla con un maneral o perilla.

La llave de compresión se cierra por medio de un tornillo que ejerce presión y comprime una arandela contra el asiento de la válvula. De manera ideal, cuando se cierra la llave, el vástago se atornilla por completo y la arandela se encaja ajustadamente en el asiento de la válvula, deteniendo así la salida de agua.

Antes de iniciar cualquier compostura en una llave, tape el desagüe del lavabo a fin de que no se le vayan las partes chicas, y cubra la tarja con una toalla para evitar dañarla con las partes o herramientas que se le caigan accidentalmente. Ponga en línea las piezas desarmadas de modo que pueda volverlas a colocar en el orden correcto.

Advertencia: Antes de realizar cualquier trabajo, cierre el agua con la válvula de cierre de la instalación o con la válvula de cierre principal (página 23). Abra la llave.

Fugas en el maneral

Si la fuga se encuentra en derredor del vástago del maneral, trate de apretar ligeramente la tuerca en su empaque. Si la fuga continúa, tendrá que cambiar el empaque.

Para desarmar la llave (véase la **figura 2**), quite la tapa decorativa del maneral, use un cuchillo sin filo o un destornillador que usará para el tornillo del maneral, y jale éste hacia arriba y afuera del vástago. Con un perico ajustable quite la tuerca del vástago y la tuerca con empaque, para proteger el acabado de la tuerca, cubra las tenazas del perico con un pedazo de cinta de aislar. Alce el vástago.

El empaque del vástago de la llave conviene que sea de hule, un empaque de alimentador o un pabilo grafitado (véase la **figura 3**). Si tiene un empaque de hule (*a*), comprima con los dedos y saque el empaque desgastado e introduzca uno nuevo que sea exactamente del mismo tamaño y tipo.

Si tiene un empaque de alimentador (*b*), saque el desgastado e introduzca en el vástago un reemplazo igual. Si tiene un pabilo impregnado de grafito (*c*), desenrolle todo el material desgastado y enrolle en derredor del vástago de la llave un pabilo nuevo en el sentido de las manecillas del reloj y dé cinco o seis vueltas.

Antes de volver a colocar la tuerca de empaque, aceite con vaselina la rosca del vástago y la tuerca. Apriétela y vuelva a colocar el maneral.

Fugas en el surtidor

Aun cuando sea el surtidor de la llave el que tenga fuga, el que necesita reparación es uno de los manerales. Para localizar el que está fallando, cierre las válvulas de abajo de la instalación una a la vez. El goteo cesará cuando una de las dos esté cerrada, y se habrá reducido el problema.

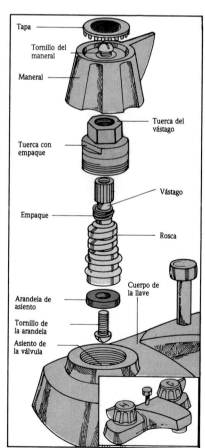

Figura 1. Llave mezcladora de compresión.

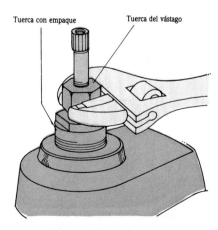

Figura 2. Para desarmar una llave de compresión, quite la tuerca del vástago con un perico con las tenazas cubiertas y alce el vástago.

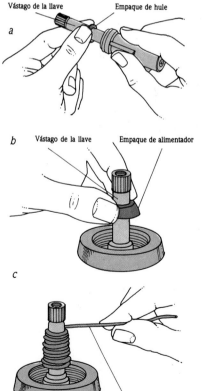

Figura 3. Para sustituir el empaque, quite el hule (*a*), el empaque alimentador (*b*), o el pabilo impregnado de grafito (*c*).

Por lo general una fuga en el surtidor es el resultado de una arandela o un asiento deteriorado de la válvula en la llave. Quite el maneral y el vástago. La base de dicho vástago tiene un tornillo para sujetar la arandela o el tornillo de asiento de latón que pasa a través del centro de la arandela de asiento de hule (véase la **figura 4**). Si la arandela está agrietada, rajada o rota, quite el tornillo con cuidado y cámbiela por una nueva idéntica. Las arandelas de asiento pueden ser planas o biseladas. Si es biselada, cuando la instale en el vástago cerciórese de que el lado biselado queda de frente a la cabeza del tornillo.

Durante la reposición, la caña del tornillo de la arandela se puede romper. Si esto llegara a suceder, lo puede cambiar por una nueva arandela con cabeza giratoria (véase la **figura 5**) o cambie todo el vástago de la llave.

La arandela con cabeza giratoria tiene dos puntas que entran en la base del vástago para comprimir el asiento de la válvula. Para instalarla, haga un hoyo en la base del vástago para que entren las puntas.

Si la arandela no es el problema, vea más abajo. La fuga puede estarla causando un asiento de válvula estropeado. Un asiento de válvula descompensado, oxidado o estriado impide que la arandela se asiente con propiedad. Afortunadamente, la mayoría de las llaves de compresión tienen un asiento de válvula sustituible (véase la **figura 6**).

Para hacer el cambio necesitará una llave para asiento de válvula (véase la página 11). Para quitar dicho asiento, inserte la llave en el cuerpo de la llave y gire en sentido contrario al de las manecillas del reloj. En una ferretería, compre un duplicado exacto del asiento. Antes de instalar el asiento nuevo, lubrique la rosca con aceite.

Si el asiento de la válvula defectuoso es fijo (se puede reconstruir dentro de la llave), use una herramienta sencilla barata llamada rectificador de asiento de válvula (véase la **figura 7**). Pula toda aspereza dentro del asiento, dejándolo a nivel y plano. Compre el rectificador más amplio que le quede al cuerpo de la llave.

Inserte el rectificador de asiento de válvula hasta que el cortador se asiente sobre el asiento de válvula. Gire la perilla de la herramienta en el sentido de las manecillas del reloj hasta que el asiento haya quedado correcto. Quite las esquirlas de metal con un trapo húmedo.

Después de que esté en su lugar la nueva arandela de asiento o el asiento de válvula, cerciórese de lubricar la rosca del vástago. Después puede volver a colocar el maneral.

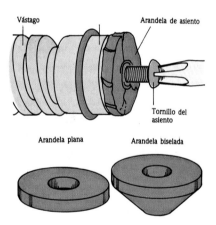

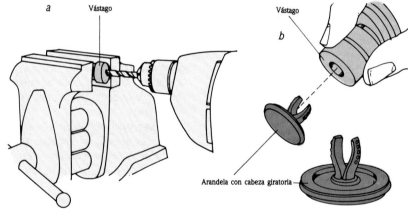

Figura 4. Para cambiar la arandela de asiento, plana o biselada, quite el tornillo e instale una arandela nueva.

Figura 5. Para instalar una arandela con cabeza giratoria, perfore en la base del vástago de la llave (*a*) e introduzca los dientes de la arandela en la perforación (*b*).

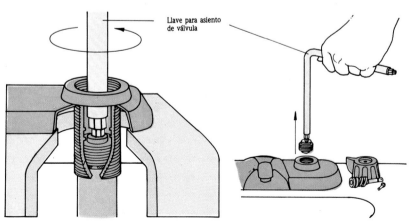

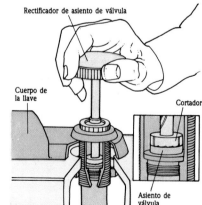

Figura 6. Para quitar el asiento de válvula, inserte una llave especial de válvula en el cuerpo de la llave y gire en sentido contrario al de las manecillas del reloj.

Figura 7. Para utilizar el rectificador de asiento de válvula, coloque la herramienta en dicho asiento de válvula y gire hasta que el asiento quede parejo.

Llaves de monomando con fuga

Por lo general una llave de monomando tiene una sola palanca o maneral que controla el chorro y la mezcla del agua caliente con la fría alineando las aberturas interiores con las entradas de agua. Las llaves de monomando en general funcionan por años sin fallar, pero cuando necesitan reparación se les deben reponer las partes que forman la mezcla del chorro. La reparación depende del tipo de llave: disco, válvula, globo o cartucho (véase la **figura 8**).

Cuando vaya a desarmar una llave de monomando, busque los tornillos y las tuercas en lugares ocultos, tales como abajo de las palancas o en la base del surtidor. Una vez que pueda ver dentro de la llave, determinará qué tipo de control tiene la unidad.

Llaves de disco

Este tipo de llave de monomando (véase la **figura 9**) cuenta con dos discos que están conectados al maneral para mezclar el agua caliente y fría. El montaje del disco raramente se desgasta. Con más frecuencia, el talón de Aquiles resulta ser el sellador de hule de entrada.

Advertencia: Antes de realizar cualquier trabajo, cierre el agua con las válvulas de cierre de la instalación o con la válvula de cierre principal (página 23). Abra la llave para drenar los tubos.

Para arreglar una fuga en la base de una llave de disco, quite el tornillo prisionero que se encuentra debajo del maneral de la llave y alce el maneral así como el aro ornamental. Después quite el cartucho (véase la **figura 10**) aflojando los dos tornillos que sujetan el cartucho al cuerpo de la llave.

Debajo del cartucho, encontrará un juego de sellos de entrada (véase la **figura 11**). Sáquelos uno y otro y cambie los que estén desgastados por otros iguales. También inspeccione si se ha formado sedimento en derredor de las perforaciones de entrada; raspe cualquier depósito de sedimento para despejar la restricción. Cuando vuelva a armar la llave, cerciórese de poner en línea las perforaciones de entrada del cartucho con las de la base de la llave.

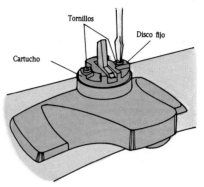

Figura 10. Para quitar el cartucho, afloje los tornillos que lo sujetan al cartucho del cuerpo de la llave.

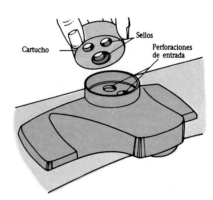

Figura 11. Revise los sellos de entrada que pueden estar desgastados, y raspe cualquier depósito de sedimento depositado en las perforaciones de entrada.

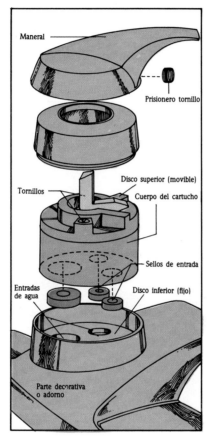

Figura 9. Llave de disco.

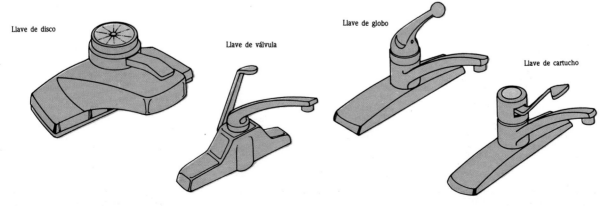

Figura 8. Tipos de llaves de monomando.

Llaves de válvula

A este tipo de llave (véase la **figura 12**) se le llama así porque tiene un par de montajes de vástago de válvula (uno para el agua caliente y el otro para el agua fría) a través de los cuales fluye el agua hacia arriba y hacia afuera del surtidor. El chorro se controla moviendo la palanca hacia adelante y ha-

cia atrás; y la mezcla se controla moviéndola de un lado a otro. Todas las partes son reemplazables; aun cuando las llaves estén descontinuadas, se puede comprar en las ferreterías un juego con todas las piezas (excepto los filtros y tapones), o bien comprar las partes por separado.

Advertencia: Antes de realizar cualquier trabajo, cierre el agua desde las válvulas de la instalación o bien la válvula de cierre prin-

cipal (página 23). Abra la llave para drenar los tubos.

Con una llave inglesa con las tenazas cubiertas con cinta de aislar, desatornille el anillo del surtidor en sentido contrario al de las manecillas del reloj.

Si el único problema es una fuga en la base del surtidor, cambie el empaque (véase la **figura 13**) por otro idéntico y vuelva a armar la llave.

Si el surtidor gotea, necesitará cambiar una de las partes de la válvula o de su asiento (véase la **figura 14**). Quite el surtidor y la pieza de adorno. Destornille los tapones machos hexagonales a cada lado de la llave y saque con la mano las partes de la válvula (junta de hule, filtro, resorte y vástago de válvula). Use una llave para asiento de válvula para quitarlo de la válvula. Cambie cualquier parte desgastada u oxidada. Lubrique la rosca del asiento de válvula y vuelva a armar la llave.

Si la fuga de la llave de tipo de válvula es lenta, es probable que los filtros estén tapados con sedimentos de agua dura. Limpie las partes con un cepillo de dientes viejo y agua jabonosa; enjuague las partes concienzudamente antes de reinstalarlas.

Si la palanca de la llave de la válvula está floja, primero apriete el tornillo que sujeta la palanca al resto de la leva (véase la **figura 15**). Si la palanca sigue floja después de haber apretado el tornillo de la palanca, cambie el tornillo. Es probable que la porción sin rosca debajo de la cabeza se haya gastado.

Si alguno de estos métodos falla, apriete el tornillo de ajuste encima del ensamble de la leva alrededor de un cuarto de vuelta.

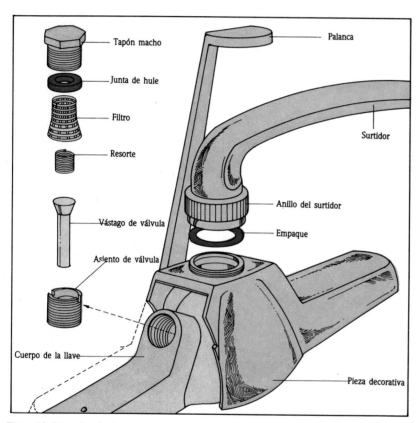

Figura 12. Llave de válvula.

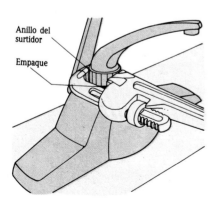

Figura 13. Para cambiar el empaque, destornille el anillo del surtidor en el sentido contrario al de las manecillas del reloj, con una llave inglesa con las tenazas cubiertas con cinta de aislar.

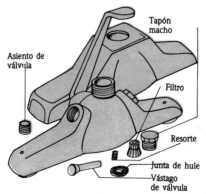

Figura 14. Para desarmar el ensamble de la válvula, destornille los tapones machos y saque con la mano las partes de la válvula.

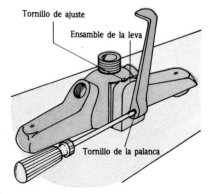

Figura 15. Para ajustar una palanca suelta, apriete el tornillo que se encuentra en la base de la palanca o el tornillo de ajuste sobre la leva.

Llaves de globo

Dentro de toda llave de globo (véase la **figura 16**) hay un globo metálico ranurado encima de dos sellos de hule en la entrada y resortes de resistencia. El agua fluye cuando las aberturas en el globo giratorio se ponen en línea con las entradas de agua caliente y fría en el cuerpo de la llave.

Si el maneral de la llave de globo tiene fuga, apriete el anillo de ajuste o cambie el sello encima del globo. Si el surtidor de la llave de globo gotea, los sellos de entrada o resortes pueden estar desgastados y es necesario cambiarlos. Si la fuga se encuentra abajo del surtidor, se deben cambiar los empaques de hule o el mismo globo.

Advertencia: Antes de realizar cualquier trabajo, cierre el agua con las válvulas de cierre de la instalación o, de preferencia con la válvula principal (página 23). Abra la llave para drenar los tubos.

Quite el maneral de la llave aflojando con una llave "Allen" el tornillo prisionero. Para desatornillar el casco use pinzas para varilla con las tenazas cubiertas con cinta de aislar (véase la **figura 17**).

Levante y retire el ensamble del globo y de la leva. Debajo hay dos sellos de entrada sobre resortes. Quite el hombro del surtidor para que le quede a la vista el cuerpo de la llave.

Para cambiar los sellos y los resortes (véase la **figura 18**), use unas pinzas de pun-

ta para sacar las partes usadas. Con un pincel duro o un cortaplumas, elimine cualquier formación de sedimento en las perforaciones de entrada. Si necesita empaques de hule nuevos, aplique una capa delgada de vaselina a los empaques para detener las fugas en la base de la llave.

Antes de volver a armar la llave, inspeccione el globo; si está corroído, cámbielo. Para volver a colocar el ensamble del globo y de la leva (véase la **figura 19**), ponga en línea, con cuidado, la ranura del globo con el gancho de alineación de metal del cuerpo de la llave. También cerciórese de enganchar la saliente de la leva con la muesca del cuerpo de la llave.

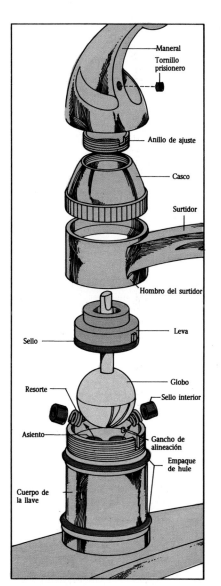

Figura 16. Llave de globo.

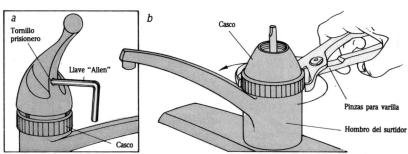

Figura 17. Para desarmar una llave de globo, quite el tornillo prisionero con una llave "Allen" (*a*), y el casco con unas pinzas para varilla (*b*).

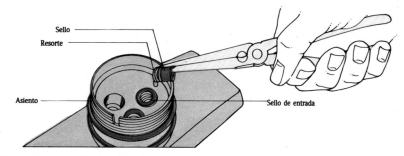

Figura 18. Para cambiar los sellos y los resortes, saque las partes desgastadas con unas pinzas de punta y cámbielas por piezas idénticas.

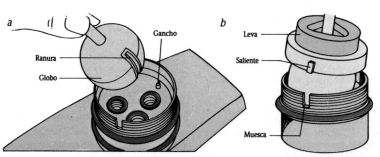

Figura 19. Para volver a armar el globo y la leva, ponga en línea la ranura del globo con el gancho (*a*), y ajuste el saliente de la leva con la muesca del cuerpo de la llave (*b*).

Llaves de cartucho

Estas llaves de monomando (véase la **figura 20**) tienen una segunda serie de perforaciones en el ensamble del vástago y del cartucho que se ponen en línea para controlar la mezcla y flujo del agua. Por lo general, los problemas con este tipo de llaves los provocan empaques de hule o cartuchos desgastados que es necesario cambiar.

Al cartucho lo mantiene en su lugar una grapa, la cual puede estar dentro y fuera de la llave. Una vez que retire la grapa, el ensamble del vástago y del cartucho simplemente se levanta y se saca.

Advertencia: Antes de realizar cualquier trabajo, cierre el agua con las válvulas de cierre de la instalación o mejor aún con la válvula de cierre principal (página 23). Abra la llave para drenar los tubos.

Desarme la llave quitando el tornillo del maneral y el casco encima de la llave. Mueva el hombro del surtidor de atrás hacia adelante y poco a poco extraiga el cuerpo de la llave. Después levante y saque el anillo de retención.

A continuación, quite el cartucho (véase la **figura 21**). Encontrará la grapa justo debajo del chapetón del cuerpo de la llave. Con un destornillador o unas pinzas de punta, saque la grapa de la ranura. Sujete firmemente el vástago del cartucho con las pinzas y levántelo. Examine los empaques de hule del cartucho y cámbielos si muestran señales de desgaste. En los modelos de surtidor giratorio, antes de instalar los empaques nuevos aplique vaselina.

Si los empaques están en buen estado, es el ensamble del cartucho lo que ya no sirve. Lleve el ensamble a una ferretería para que le vendan otro igual.

Instalar de nuevo el cartucho (véase la **figura 22**) es tarea sencilla, pero recuerde primero leer las instrucciones del fabricante.

Los cartuchos varían; el tipo más común tiene un lado plano que debe quedar de frente, de lo contrario invertiría el suministro de agua caliente y fría. También, cerciórese de colocar la grapa ajustadamente en la ranura.

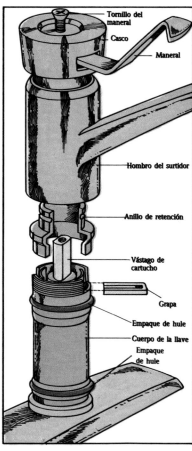

Figura 20. Llave de cartucho.

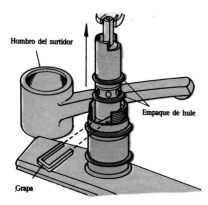

Figura 21. Para desarmar una llave de cartucho, quite el hombro del surtidor y la grapa, y saque el cartucho.

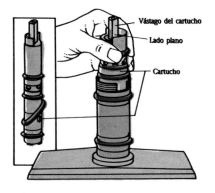

Figura 22. Para volver a instalar el cartucho, ponga de frente el lado, plano *si lo tiene,* y coloque la grapa en la ranura.

Cómo disminuir los estragos del derrame sin control de agua

Si un aparato doméstico se desborda, un tubo revienta, o sucede algún otro tipo de deterioro en la plomería, con rapidez aprenderá que el agua sin control puede causar graves estragos. Para reducir el daño, siga estas indicaciones:

■ *Cierre el suministro de agua* de la válvula de cierre principal (véase la página 23), antes de darse tiempo para buscar el origen

■ *Si un aparato doméstico es el causante,* quite la luz bajando el interruptor automático principal o la toma de corriente principal para que no trabajen electricidad y agua: una combinación peligrosa.

■ *Si un tubo está goteando,* despliegue material impermeable y ollas en el área para recoger el derrame.

■ *Si se revienta un tubo,* tape los claros de las puertas con tapetes o sábanas enrolladas para tratar de evitar que el agua corra por toda la casa.

■ *Use una aspiradora que extraiga agua* o rente una bomba con motor sumergible para sacar grandes cantidades si las hay.

■ *Llame a los bomberos* si la inundación es abundante y se justifica.

Problemas en el aireador, rociador del fregadero y desviador

La válvula del aireador, del rociador del fregadero o del desviador puede causar varios problemas distintos a las fallas comunes en las llaves. Sin embargo la mayoría son de fácil compostura siempre y cuando tenga cuidado de volver a armar cuidadosamente cualquier conjunto de partes intrincadas.

Casi todas las llaves tienen en la punta del surtidor, un aireador que mezcla el aire con el agua para proporcionar un chorro uniforme. Los aireadores se deben limpiar periódicamente para remover la formación de sarro y otros asientos.

Los rociadores de fregadero también tienen en la boquilla aireadores que pueden taparse, provocando un mal funcionamiento de la válvula desviadora. En ocasiones el rociador se puede arreglar poniendo arandelas o manguera nuevas. Si los probemas persisten, revise la válvula desviadora, dentro de la base de la llave. Puede ser que la válvula desviadora, la cual hace que el agua se desvíe del surtidor a la manguera del rociador, necesite limpieza o cambio.

De nuevo la misma *advertencia:* Antes de realizar cualquier trabajo, cierre el agua con la válvula de cierre de la instalación o con la válvula de cierre principal (página 23). Abra la llave para drenar los tubos.

Cómo limpiar un aireador. Destorníllelo de la punta del surtidor (véase la **figura 23**) o la boquilla del rociador (véase la **figura 24**). Desarme y haga a un lado las partes, en orden, para volver a armarlo con facilidad. Limpie las coladeras y el disco con un cepillo y agua jabonosa; en el disco use un alfiler o un palillo de dientes para destapar cualquier obstrucción. Antes de volver a armar la pieza cambie las partes desgastadas y lávelo a chorro todos.

Cómo reparar una manguera de rociador. Si la manguera tiene fuga por la cabeza del rociador, destorníllela por el cople de la base. Separe la manguera del cople quitando de golpe el anillo de retención (véase la **figura 25**). Si la arandela de la manguera abajo del cople está dañada, cámbiela; después vierta agua a la manguera.

Si la manguera fuga por la base del surtidor de la llave, desarme el cople abajo del fregadero (véase la **figura 26**), utilice pinzas para varilla o una llave para lavabo (véase la página 11). Llegar al cople suele ser difícil; necesitará recostarse sobre la espalda abajo del fregadero. Una vez que el cople esté destornillado, inspeccione a lo largo toda la manguera, vea si está enroscada o tiene grietas. Si localiza algún defecto, cam-

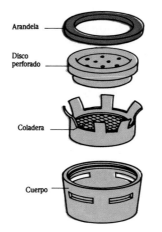

Figura 23. Aireador del surtidor de llave mezcladora.

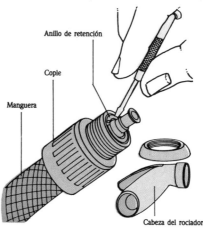

Figura 25. Para quitar la cabeza del rociador, destornille el cople de la base y saque de golpe el anillo de retención.

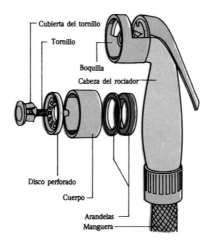

Figura 24. Aireador de la boquilla del rociador de fregadero.

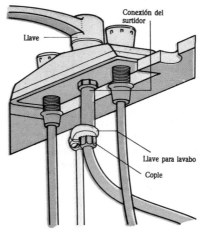

Figura 26. Para cambiar una manguera de rociador en el surtidor, utilice una llave para lavabo y destornille el cople debajo del fregadero.

bie la manguera por una nueva del mismo tipo, las de vinil reforzado con nailon son las más durables.

Cómo limpiar una válvula desviadora. Para llegar al desviador necesitará quitar el surtidor de la llave (si necesita ayuda, véanse las páginas 13-18). Cuando tenga acceso al interior del cuerpo de la llave, afloje el tornillo encima de la válvula desviadora sólo lo suficiente para alzar la válvula del asiento (véase la **figura 27**). Saque la válvula y límpiele las salidas y la superficie con un cepillo de dientes viejo y agua limpia.

Si la limpieza del desviador, aireador y manguera del rociador no mejora el funcionamiento del rociador del fregadero, cambie la válvula desviadora por una pieza idéntica.

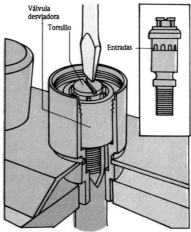

Figura 27. Para quitar una válvula desviadora, afloje el tornillo que está encima de la válvula lo suficiente como para elevar la válvula de asiento.

Fuga en la canasta del fregadero

Si su fregadero no refrena el agua, o si hay una fuga debajo del fregadero, es tiempo de revisar la canasta, parte que abre y cierra el desagüe y retiene partículas grandes de desperdicios.

Existen dos tipos de canasta para fregadero (véase la **figura 28**): uno detenido por una contratuerca con rosca, y el otro por una contra de tres tornillos.

Para aflojar una canasta de contra con rosca (véase la **figura 29**), golpee suavemente con destornillador o un martillo ligero las salientes de la contra. Tenga cuidado de *no dañar* el fregadero. Quite la contra, la arandela metálica y la junta de hule de la parte inferior del cuerpo de la canasta.

Para aflojar una canasta tipo "contra" con tornillos, simplemente remueva los tres tornillos de la contra y desarme igual que en el caso anterior.

Limpie minuciosamente el área en derredor de la abertura del desagüe. Inspeccione si están gastadas la junta de hule y la arandela metálica; si es necesario cambiarlas, consiga reemplazos idénticos. Aplique en derredor de la pestaña inferior del cuerpo de la canasta una capa de 3 mm de espesor de junta proel (véase la **figura 30**) y coloque la canasta sobre la abertura. Presione con firmeza para que se forme un sello hermético entre el fregadero y la canasta.

Si la canasta es sostenida por una contra roscada, para colocar la junta de hule y la arandela metálica en el cuerpo de la canasta trabaje desde abajo del fregadero, y enrosque con la mano. Pida a alguien que sostenga la canasta desde arriba para evitar que gire mientras aprieta la contra con una llave de lomo. Si está trabajando solo, coloque las patas de una pinza dentro de la canasta y meta un destornillador entre las patas para ejercer fuerza mientras aprieta la tuerca (véase la **figura 31**). Vuelva a colocar el cople y conéctelo al adaptador general de espiga. Limpie cualquier exceso de pasta de junta de la superficie del fredadero.

Si la canasta está sostenida por una contra que se atornilla, una sola persona puede instalarla con facilidad. Con la junta de hule y la arandela en su lugar, coloque la contra sobre el cuerpo de la canasta y apriete uniformemente los tres tornillos hasta que esté firme. Atornille el cople y observe si hay fugas.

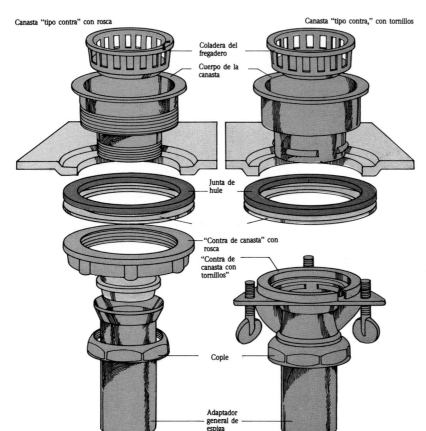

Figura 28. Dos tipos de canasta para fregadero.

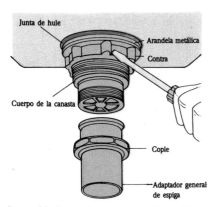

Figura 29. Para quitar una canasta tipo contra con rosca, golpee suavemente las salientes de la contra, utilice destornillador y martillo.

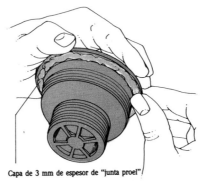

Figura 30. Para sellar la abertura del desagüe, aplique una capa de "junta proel" en la pestaña inferior del cuerpo de la canasta.

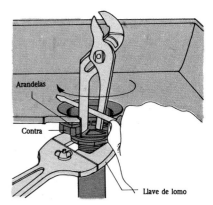

Figura 31. Para apretar una contra roscada, coloque arriba un destornillador y unas pinzas para ejercer mayor fuerza.

Desagüe automático de lavabo y tina que ocasiona problemas

Lo que antes fue un rústico tapón de hule con una cadena, utilizado para tapar los lavabos y las tinas, es probable que ahora sea un ensamble de desagüe automático (véase la **figura 32**). Como su nombre lo indica, éste sube y baja para abrir o cerrar el desagüe automáticamente, dependiendo de la posición del vástago vertical que mueve el pivote del desagüe automático. El vástago vertical funciona por medio de la varilla y el pivote que levantan y bajan el tapón. Aun cuando parece demasiado simple, incluso como para dar problemas, el mecanismo del desagüe automático tiene varias partes móviles que necesitan ajustarse de vez en cuando. Una conexión defectuosa entre el tapón y la tarja, es el problema número uno del desagüe automático y puede tener diferentes orígenes.

Funcionamiento del desagüe automático de lavabo. Si el tapón del desagüe automático no se asienta ajustado, sáquelo. Algunos tapones (véase la **figura 33**) se asientan sobre la varilla de pivote y simplemente se alzan (*a*). Otros (*b*) requieren de un giro ligero para liberarlos porque tienen una ranura en el cuerpo que los amarra a la varilla. Hay otros (*c*) que están unidos a la varilla de pivote.

Limpie con frecuencia el tapón, de cabellos o desechos. Inspeccione el sello de hule; si está gastado, cámbielo por uno nuevo. También cerciórese de que el reborde y la junta debajo de éste, estén en buen estado. Si el tapón del desagüe automático aún no se asienta correctamente, afloje el tornillo del elevador, empuje el tapón hacia abajo, y de nuevo apriete el tornillo en la perforación siguiente, hacia arriba. Cuando el desagüe está cerrado, la varilla del pivote debe inclinarse ligeramente hacia arriba del elevador hacia el cuerpo del drenaje.

Si el tapón está muy apretado y no se abre lo suficiente para desaguar correctamente, necesitará ajustar la varilla del pivote oprimiendo la abrazadera de resorte e insertando la varilla en la siguiente perforación hacia abajo.

Si hay fuga en derredor del globo del pivote, trate de apretar la tuerca de retención (véase la **figura 34**) que mantiene al globo en su lugar. Si sigue fugando cambie el sello o la arandela (o ambas cosas) del ensamble. Vuelva a apretar la tuerca de retención de la varilla del pivote y ajústela al pivote para que el desagüe automático se asiente con precisión.

Cómo ajustar un desagüe automático de tina. Retire el tapón del desagüe automático (las opciones son las mismas que las del tapón de lavabo). Después quite la placa del rebosadero de la tina y saque todo el ensamble a través del rebosadero (véase la **figura 35**). Si el tapón no se asienta correc-

tamente, afloje las tuercas de ajuste, y deslice hacia arriba, el eslabón central de conexión sobre la varilla de resorte del martillo. El "resorte del martillo" se apoya suelto sobre el brazo oscilante.

Por otra parte, si drena lento, baje el eslabón. Antes de volver a armar, saque el ta-

pón, límpielo, e inspeccione el reborde para ver si está en óptimas condiciones.

Nota: Algunas tinas tienen una coladera y un vástago móvil interno en lugar de un ensamble de desagüe automático. Las composturas en el eslabón central se hacen en forma idéntica.

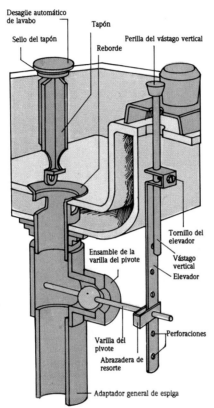

Figura 32. El ensamble del desagüe automático del lavabo abre y cierra el drenaje cuando se mueve hacia arriba o hacia abajo el vástago vertical.

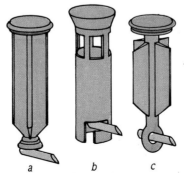

Figura 33. Tipos de tapones de desagüe automático: suelto = (*a*), ranurado = (*b*), y unido a la varilla de pivote = (*c*).

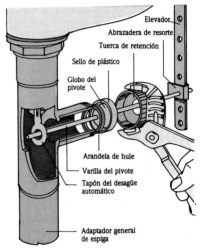

Figura 34. Para componer el ensamble de la varilla del pivote, apriete la tuerca de retención o cambie el sello o la arandela.

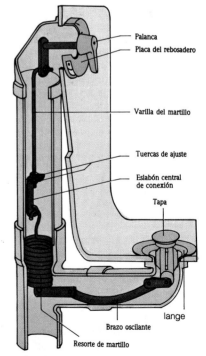

Figura 35. Para ajustar un ensamble de desagüe automático de tina, quite la placa del rebosadero y saque el ensamble por el hoyo del rebosadero.

Fugas en las válvulas

Las válvulas, al igual que las llaves, controlan el flujo del líquido a través de los tubos por medio de un mecanismo básicamente sencillo: el maneral acciona hacia abajo un vástago dentro de su base para reducir o cerrar el flujo. Encontrará diferentes tipos de válvulas para diferentes usos o estilos. Algunas restringen el flujo incluso cuando están completamente abiertas; otras permiten el flujo sin restricción cuando están abiertas. Los tres tipos usados más comúnmente son la válvula de compuerta, de globo y la de ángulo.

Las válvulas también se clasifican por el material con el que se fabrican. Las utilizadas en la plomería casera por lo general son de bronce fundido, si bien se venden válvulas de plástico para utilizarse con tubos de plástico. Las válvulas de latón se instalan en tuberías de gas, pero también se pueden encontrar en algunas tuberías de agua y funcionan perfectamente.

Válvulas de compuerta

En concepto residencial se utiliza como válvula de cierre principal, la válvula de compuerta (véase la **figura 36**) cierra o abre completamente la toma de agua principal; no está diseñada para ajustar el flujo. Esta válvula tiene un pistón cónico en el extremo del vástago que se mueve hacia arriba o hacia abajo de acuerdo al flujo de agua.

Ya que para abrir completamente una válvula de compuerta se deben dar seis o más vueltas al maneral, mucha gente tiende a abrir la válvula sólo parcialmente, lo que puede dañar su mecanismo. Abrir ligeramente una válvula de compuerta permite un flujo parcial, pero la presión del agua que pasa a través del pistón lo desgasta provocando un sello imperfecto y una válvula que fuga. Por esta razón, nunca deben funcionar parcialmente abiertas. Si se usan correctamente, estas válvulas pueden durar muchos años.

Válvulas de globo

A diferencia de la "válvula de compuerta", la "válvula de globo" (véase la **figura 36**) está diseñada para reducir la presión del agua: dos medios compartimentos cambian la dirección del flujo y disminuyen la presión.

Al igual que una llave de compresión (véanse las páginas 13-14), la válvula de globo tiene un vástago que fuerza el diafragma dentro del asiento de válvula. Al girar el maneral de la válvula de globo, se agranda o se reduce la abertura del paso del agua. Esta

válvula es el tipo más fácil de componer. Con más frecuencia, lo que se desgasta es el diafragma o la arandela del asiento y es necesario cambiarla. Es tarea fácil; véase en la siguiente página "Cómo componer una fuga en derredor del vástago".

Las tuberías de suministro de agua por lo general están equipadas con válvulas de globo, las cuales pueden resistir el frecuente abrir y cerrar a alta presión.

Válvulas a ángulo

La válvula a ángulo (véase la **figura 36**) se parece a la válvula de globo, excepto que

la entrada y la salida de agua forman un ángulo de 90° en relación con el otro y no tiene compartimentos. El flujo de agua está menos restringido que en una válvula de globo porque el agua sólo da un giro en lugar de dos. Como la válvula a ángulo elimina la necesidad de colocar un codo, ésta con frecuencia se usa donde un tubo da vuelta en esquina.

Advertencia: Antes de realizar cualquier trabajo, cierre el agua con la válvula de cierre principal (página 23). Abra la llave más cercana para drenar los tubos y para recolectar el agua restante, coloque una cubeta debajo de la válvula en la cual se va a trabajar.

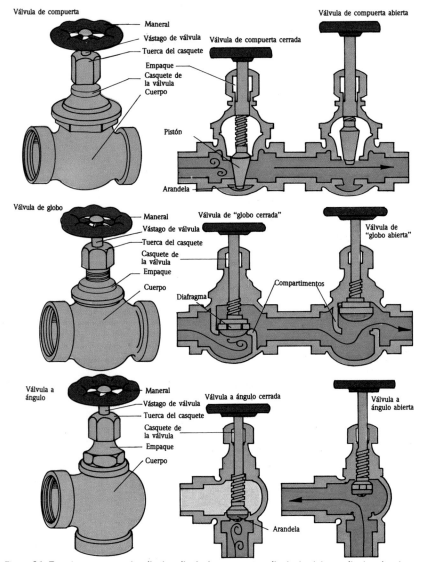

Figura 36. Tres tipos comunes de válvula: válvula de compuerta, válvula de globo y válvula a ángulo.

Cómo componer una fuga alrededor del vástago

El problema más común en una válvula, es la fuga en derredor del vástago. Las causas normales son un empaque comprimido, una mala arandela de asiento o un diafragma desgastado, una obstrucción en la válvula o desgaste del asiento de válvula.

No obstante los diferentes diseños del interior, las reparaciones para todo tipo de válvula son básicamente las mismas.

Para componer una válvula, use un perico ajustable para aflojar y quitar la tuerca del casquete debajo del maneral de la válvula. Examine el empaque: si está comprimido, éste no puede realizar bien su trabajo y se necesitará retirar todo el empaque gastado y enrollar pabilo impregnado de grafito nuevo en derredor de la base del vástago de la válvula (véase la **figura 37**).

Si la fuga no se detiene, destornille el vástago del cuerpo y el casquete de la válvula. Revise la arandela de asiento o el diafragma abajo del vástago. Si está desgastado, destornille la contratuerca, quite la arandela o el diafragma (véase la **figura**

38), y cámbielo por uno nuevo, igual al original.

Si la nueva arandela no detiene la fuga, es probable que haya una obstrucción en el cuerpo de la válvula. Si éste es el caso, necesitará limpiar la obstrucción. Para hacerlo, quite el vástago de la válvula como

se indicó anteriormente, y use un palillo de dientes y elimine la obstrucción.

También puede ser necesario desconectar la válvula del tubo de conexión y limpiar el interior del cuerpo de la válvula con un cepillo duro y agua jabonosa.

Pabilo impregnado de grafito

Figura 37. Para cambiar el empaque de la válvula, quite la tuerca del casquete y retire el empaque desgastado, después enrolle un empaque nuevo.

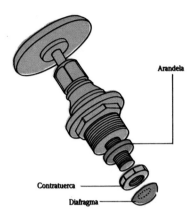

Arandela

Contratuerca

Diafragma

Figura 38. Para cambiar la arandela de asiento o diafragma, quite del cuerpo el vástago de la válvula y destornille la contratuerca.

Cómo cortar el agua

Cada vez que quiera trabajar en un sistema de plomería necesitará cortar el agua, ya sea para hacer una reparación de rutina o en una emergencia.

Válvula de cierre de una instalación. Primero busque las válvulas de cierre de la instalación o aparato eléctrico el cual necesita trabajar (véase la **figura a**). Estas válvulas por lo general están directamente debajo de la instalación en el punto donde se hace la conexión con el sistema hidráulico. Puede realizar el trabajo de instalar válvulas de cierre en cualquier instalación en su casa que no las tenga (véanse las páginas 70-71).

Válvula de cierre principal. Si el problema de plomería no se encuentra en una instalación particular, o si la instalación no tiene sus propias válvulas de cierre, utilice la válvula de cierre principal (véase la **figura b**) para cerrar el suministro de agua hacia toda la casa. La válvula de cierre principal por lo general es una válvula de compuerta que se localiza entre el medidor de agua y

acceso a la casa. En climas fríos, busque justo dentro en el primer piso o en el garaje. Es bueno saber donde está exactamente la válvula de cierre principal y probarla antes de que surja algún problema.

Si la válvula de cierre principal necesita reparación, llame al servicio especializado; es necesaria una herramienta especial para cerrar el agua antes de que se llegue a esta válvula.

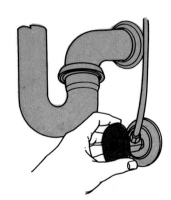

Figura a. Válvula de cierre de lavabo.

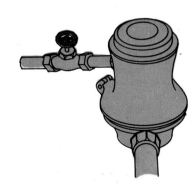

Figura b. Válvula de cierre principal.

Problemas en el cespol

Los céspoles son los caballos de carga del sistema sanitario (véase la página 8). Los céspoles permanecen llenos con sólo la suficiente agua para evitar que los gases tóxicos de las aguas negras salgan de la tubería de desagüe. Lamentablemente, por la naturaleza de su forma y función, con frecuencia son los céspoles la primera parte de la plomería que causa obstrucciones o fugas.

Si el cespol de un lavabo, tina o regadera fuga, la causa podría ser la corrosión o una conexión gastada. Si está tapado y ya intentó despejarlo (véanse las páginas 26-27), podría tratarse de una formación mineral dentro del cespol. Para cualquiera de estos problemas, la solución es instalar un nuevo cespol y posiblemente un nuevo adaptador general de espiga.

Los céspoles vienen en tamaños y formas diversos (los más comunes son los cespol "P" de tipo sencillo y compuesto, véase la **figura 39**) y se conectan por medio de una combinación de coples que se deslizan en el tubo para asegurarlos. El cespol "S" mostrado en la página 8 se encuentra típicamente en casas antiguas. Ahora los cespol "P"son mucho más comunes porque ocupan menos espacio y son más decorativos que los "S". Puede colocar un cespol "S" donde la apariencia y el tamaño no son importantes, como para el desagüe de un lavadero.

Por lo general, en los sistemas de plomería doméstica se usan céspoles "P". El cespol "P" sencillo es un tramo continuo de tubo con forma de P. Un cespol "P" compuesto es en realidad un codo cespol con forma de "J" con una extensión y juntos forman una "P".

Los materiales del cespol varían, al igual que los tamaños y las formas. Los céspoles pueden ser de latón, metal galvanizado o plástico PVC, dependiendo de los reglamentos locales de plomería. Los céspoles cromados, los más caros, son los más duraderos.

Advertencia: Antes de realizar cualquier trabajo, cierre el agua con las válvulas de la instalación o la válvula de cierre principal (página 23). Abra una llave para drenar los tubos.

Cómo cambiar un cespol

Los céspoles nuevos se venden como unidades completas con arandelas, coples roscados y la conexión.

El primer paso para quitar el cespol viejo es colocar una cubeta debajo del cespol y destornillar el tapón de registro, si lo tiene.

Utilice una llave de tuercas con las tenazas forradas con cinta de aislar para aflojar los coples que conectan el cespol "P" sencillo con el adaptador general de espiga y con el tubo de desagüe (véase la **figura 40**) y también a una "P" combinada (codo cespol "J") a la extensión y jale el cespol.

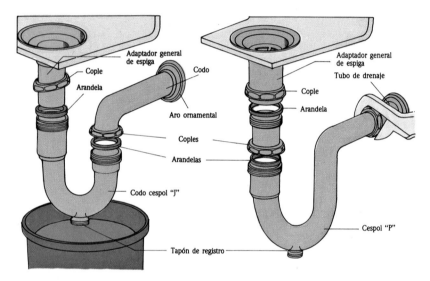

Figura 40. Para quitar un cespol "P" combinado o sencillo, utilice una llave de tuercas con las tenazas cubiertas para aflojar los coples de conexión en el adaptador general de espiga y codo o en el tubo de drenaje. Con cuidado retire el cespol.

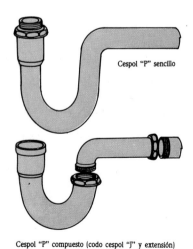

Figura 39. Tipos de céspoles.

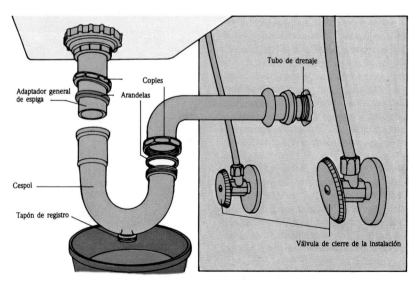

Figura 41. Para colocar un cespol "P" combinado, deslice los coples y las arandelas, en ese orden, en el tubo y con cuidado apriete con una llave de tuercas y las tenazas cubiertas.

Para colocar un nuevo cespol "P" combinado, deslice los coples y las arandelas nuevas, en el orden mostrado (véase la **figura 41**), en el adaptador general de espiga del lavabo, conecte el tubo de drenaje, y el codo. Ponga una capa de lubricante en la rosca del tubo de drenaje; afiance el codo. Coloque el cespol en su lugar y apriete con la mano los coples en ambos extremos. Con la llave para tuercas y con las tenazas cubiertas con cinta de aislar, termine de apretar, teniendo cuidado de no trasroscar o apretar demasiado los coples. Abra el agua y verifique que ninguna de las conexiones acusa fugas.

Cómo cambiar un adaptador general de espiga

Un adaptador general de espiga que esté agrietado o corroído se debe cambiar, y afortunadamente los repuestos se venden sueltos, y no sólo como parte de un conjunto.

Para quitar el adaptador general de espiga, destornille los coples que lo sujetan al cespol y al drenaje del lavabo, y empuje hacia abajo el adaptador hacia el cespol.

Afloje los coples del tubo de drenaje o codo y gire todo el cespol en el tubo de drenaje, dé un cuarto de vuelta, suficiente para dejar espacio para quitar el adaptador. Ahora ya podrá levantar el adaptador viejo para sacarlo del cespol (véase la **figura 42**) y cámbielo por uno nuevo.

Para asegurar un sello hermético unte lubricante a la rosca del adaptador nuevo. Apriete con la mano todos los coples, después use una llave de tuercas con las tenazas forradas con cinta de aislar para apretarlos más. Abra el agua y vea si hay fugas.

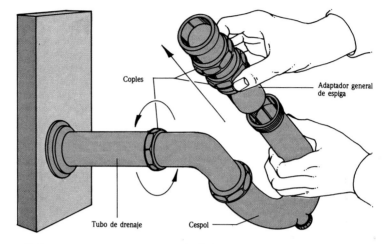

Coples

Adaptador general de espiga

Tubo de drenaje

Cespol

Figura 42. Para quitar un adaptador general de espiga, afloje los coples, empuje hacia abajo el adaptador, hacia el cespol, y gírelo en sentido contrario al de las manecillas del reloj un cuarto de vuelta.

Cómo evitar que se tapen los desagües

Pocos problemas en la plomería son más comunes o más frustrantes que un desagüe tapado. Los del fregadero de la cocina, con mucha frecuencia se tapan debido a la acumulación de grasa, y a las partículas de comida que se quedan atrapadas. El cabello y el jabón por lo general son los responsables de las obstrucciones en los desagües de baño. Por lo general, los desagües se pueden limpiar con facilidad y de forma económica (véanse las páginas 24-31), sin embargo tomar algunas precauciones ayudarán a evitar los inconvenientes de obstrucciones.

La eliminación adecuada de los desechos de la cocina mantendrán al mínimo las obstrucciones en el desagüe del fregadero. Evite verter grasa en el fregadero de la cocina. Otro villano son las bolsas de café u otras de material hermético: no las lave, tírelas.

No abuse de los limpiadores químicos, en particular si tiene céspoles y tubos de desagüe de latón, acero o hierro fundido; algunos químicos cáusticos pueden corroer los tubos metálicos. (Los tubos de desagüe de plástico son más resistentes al daño de los químicos cáusticos.) Los limpiadores que contienen hidróxido de sodio o nitrato de sodio pueden ser inofensivos y eficaces si se utilizan lo menos posible y sólo cuando sea indispensable.

Cuando utilice un limpiacaños, cerciórese de seguir cuidadosamente las instrucciones correspondientes. Para que sea eficaz necesitará dejarlo reposar un rato en la curva del cespol. Tenga cuidado de que no salpique y que no le caiga en la piel. Después de usarlo enjuague cuidadosamente el área para que no queden restos del limpiacaños.

Limpie las coladeras de desagüe de piso. Algunas tinas, regaderas y desagües de piso tienen coladeras en las salidas del drenaje sujetadas por tornillos. Con facilidad se pueden quitar estas coladeras y tener acceso al desagüe para limpiar los desechos acumulados. Cerciórese de limpiar bien la coladera misma.

Limpie con regularidad los tapones del desagüe automático de la tarja del lavabo y de la tina del baño. Algunos tapones de desagüe automático se levantan y salen; otros requieren de un leve giro a la izquierda; otros deben zafarse por debajo. (Véase la página 21, donde se explica al detalle como sacar los tapones del desagüe automático.) En casi todos los tipos de desagüe automáticos de lavabo, es sólo cosa de sacarlos una vez a la semana para retirar el cabello acumulado y enjuagarlo.

Un par de veces al año, destornille la placa de rebosadero de la tina y jale el ensamble del desagüe automático (véase la página 21) para llegar al resorte o al brazo oscilante donde se acumula el cabello. Retire el cabello acumulado y enjuague minuciosamente.

Por último, limpie el sistema sanitario y de ventilación (S y V) con una manguera para jardín, cada vez que suba al techo de la casa lave los desagües o bajadas pluviales. Deslice la manguera en todos los tubos de ventilación y deje correr el agua un minuto o dos, con toda la llave abierta.

Lavabos tapados

Un desagüe tapado no sólo es una contrariedad; algunas veces también puede provocar graves problemas.

Es bueno tomar medidas contra las obstrucciones antes de que la situación se vuelva incontrolable (véase la página 25, donde se presenta la información sobre cómo prevenir que se tapen los desagües). Por lo menos esté atento a la señal de aviso cuando un drenaje desagüe lento; es más fácil destapar un drenaje que está desaguando lento que uno que está completamente tapado.

Cuando es demasiado tarde para prevenir, una dosis de agua hirviendo, puede ser eficaz contra las acumulaciones de grasa; puede ser el tratamiento preciso. Si no, puede ser que algo ajeno haya caído en el desagüe, pasador, botón, moneda u objeto chico. Para revisarlo, quite (y limpie minuciosamente) el tapón del desagüe automático del lavabo (véase la página 21) o la canasta (véase la página 20) del desagüe.

Por lo general, la obstrucción estará cerca de la instalación. Se puede determinar examinando los otros desagües de la casa. Si más de uno no desagua con facilidad, hay algo atorado en el desagüe principal (páginas 30-31). De lo contrario, probablemente estará tratando con una obstrucción en el cespol o en el tubo de drenaje. Utilice una o más de las armas probadas y eficaces del arsenal para limpiar drenajes: el destapador de drenaje, un destapacaños químico o la guía.

Destapador de drenaje

¿Cuál es la primera reacción ante una obstrucción? Consultar al plomero. El destapador es una buena herramienta para destapar desagües, pero con frecuencia falla porque se utiliza incorrectamente. No cometa el típico error de bombear hacia arriba y hacia abajo dos o tres veces, esperando que el agua se vaya rápido por el desagüe.

Si bien no se necesita de mucha experiencia para utilizar esta simple herramienta, aquí se dan unos cuantos consejos para ayudarle a bombear con eficiencia.

■ *Elija un destapador* con una copa de succión lo suficientemente grande para cubrir por completo la abertura del desagüe.

■ *Llene la instalación obstruida* con suficiente agua para cubrir varios centímetros de la copa del destapador.

■ *Cubra la orilla* de la copa del destapador con vaselina para asegurar un sello hermético.

■ *Bloquee con un trapo húmedo todas las salidas* que se encuentren entre el desagüe y la obstrucción (la ventilación del rebosadero, el segundo desagüe en un lavabo doble y las instalaciones adyacentes).

■ *Introduzca diagonalmente el destapador* en el agua, para que no quede aire atrapado en la copa.

■ *Bombee con fuerza de 15 a 20 veces*, sosteniendo el destapador verticalmente (véase la **figura 43**).

■ *Repita el bombeo* varias veces más antes de darse por vencido.

Destapacaños químicos

Si el agua está desaguándose poco a poco pero el bombeo no destapó completamente el desagüe, querrá probar alguno de los muchos destapacaños en el mercado. De hecho, mucha gente confía en los químicos como una medida preventiva, usándolos rutinariamente antes de que se forme una obstrucción. Tales medidas probablemente pueden prevenir una obstrucción, pero no son aconsejables porque los químicos con el tiempo pueden dañar los tubos (e inhibir el crecimiento bacteriano beneficioso en una fosa séptica, si es el caso).

Siempre que utilice químicos, hágalo con prudencia y en un cuarto bien ventilado (véase la **figura 44**).

■ *No use un limpiacaños químico* si la obstrucción es total, especialmente si la instalación está llena de agua. Éste no destapará el bloqueo, y tendrá que enfrentar el problema de eliminar el agua cáustica.

■ *Use guantes de hule* para evitar que el químico queme su piel.

■ *Lea las etiquetas*, y use el destapacaños según el tipo de obstrucción. Los alcalinos cortan la grasa; los ácidos disuelven jabón y cabello.

■ *No mezcle los químicos*. Mezclar un destapacaños ácido con álcali puede causar una explosión.

■ *No se asome por el desagüe* después de verter un químico. La solución con frecuencia hierve y despide gases muy tóxicos.

■ *Nunca bombee* si usó recientemente un químico.

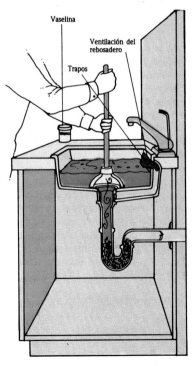

Figura 43. Para destapar un lavabo obstruido, bombee con fuerza hacia arriba y hacia abajo, 15 o 20 veces, con un destapador untado con vaselina.

Figura 44. Cuando utilice un destapacaños químico, use guantes, aleje su cara del desagüe y ventile bien.

Guía del plomero

Si el tratamiento con el destapador de drenaje y el químico no dio buenos resultados, utilice la guía (también llamada sonda para desagüe y cespol). Esta herramienta (mostrada en la página 11) es un espiral metálica muy flexible que se introduce por fuerza en las tuberías hasta que alcanza la obstrucción.

Primero busque la obstrucción cerca del desagüe, introduciendo la guía a través del desagüe. Si no destapa los tubos, introduzca la guía por el registro del cespol, si lo tiene; y si no surte efecto, retire completamente el cespol para que la guía pueda penetrar a través del tubo de drenaje para destapar una obstrucción que se encuentre más alejada en el drenaje. Sin embargo, una vez que quite el cespol puede encontrar que ni siquiera necesita la guía de plomero para escarbar más profundo. Sólo limpie el cespol con un cepillo y agua jabonosa y sus problemas pueden haber terminado.

Por el desagüe. Saque el tapón del desagüe automático (página 21) o la canasta del fregadero (página 20). Inserte la guía en la abertura del desagüe (véase la **figura 45**) y gire hacia abajo a través del cespol hasta llegar a la obstrucción.

Por el registro. Si el cespol tiene registro, coloque una cubeta debajo del cespol para recibir el agua, y quite el tapón parecido a una tuerca del registro abajo del cespol. Inserte la guía (o un gancho doblado) a través del registro (véase la **figura 46**) para tratar la obstrucción. Dirija la guía hacia arriba para que entre al drenaje, o en ángulo hacia la pared para llegar a una obstrucción más profunda, gire la guía a medida que avanza.

Por el tubo de drenaje. Quite el cespol como se indica en las páginas 24-25, destornille los coples con una llave con las tenazas forradas con cinta de aislar. Jale el cespol hacia abajo y vierta su contenido en una cubeta. Inserte la guía en el tubo de drenaje de la pared. Métala tan lejos como pueda (véase la **figura 47**) hasta que llegue a la obstrucción y limpie el cespol.

Si la guía no resuelve el problema, es probable que la obstrucción esté demasiado lejana en los tubos como para poderle llegar a través del tubo de drenaje. Esto significa que está tratando con una obstrucción en el drenaje principal (véanse las páginas 30-31) y se necesita llegar a ésta a través del desagüe de aguas negras, del registro principal o del cespol de retorno con doble tapa. En tal caso es recomendable recurrir a la ayuda de un experto.

Cómo utilizar la guía. Introduzca la guía por el desagüe, cespol o tubo de drenaje hasta que se detenga. Si la guía tiene una manivela giratoria, colóquela aproximadamente a 15 cm sobre la abertura y apriete el tornillo de mariposa. Gire la manivela para destruir la obstrucción. A medida que el cable se abra paso a lo largo del tubo, afloje el tornillo de mariposa, deslice la manivela giratoria hacia atrás, empuje más cable en el tubo, apriete de nuevo el tornillo de mariposa, y repita la operación. Si la guía no tiene manivela giratoria, maniobre el cable empujando y torciendo simultáneamente hasta que llegue al lugar de la obstrucción.

La primera vez que la guía se detenga, es probable que se haya topado con una curva en la tubería y no con la obstrucción. Para encauzar la guía a través de una curva cerrada se necesita paciencia y lógica. Siga empujando hacia adelante, girando a medida que avanza. Una vez que la cabeza de la guía haya enganchado parte de la obstrucción, jale la guía un poco hacia atrás para liberar algo de material de la obstrucción, y luego empuje el resto.

Después de disolver la obstrucción, jale lentamente la guía hacia afuera y tenga lista una cubeta para recibir cualquier suciedad que se arrastre.

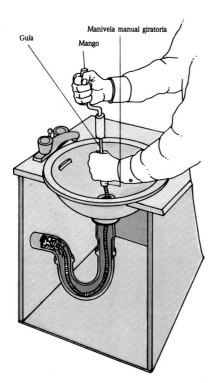

Figura 45. Introducir la guía por el desagüe puede destapar una obstrucción u objeto chico que esté bloqueando el paso del agua.

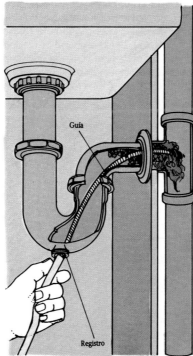

Figura 46. Introducir la guía por el registro, si el cespol tiene registro, puede llegar a la obstrucción por debajo de la instalación.

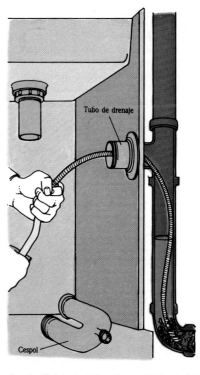

Figura 47. Introducir la guía por el tubo de drenaje implica quitar el cespol para alcanzar una obstrucción profunda.

Tratamiento de belleza para las instalaciones

A medida que pasa el tiempo, la belleza de las instalaciones de plomería se va marchitando. Las que alguna vez fueron relucientes superficies de porcelana y de fibra de vidrio tienden a opacarse, decolorarse o maltratarse. Pueden también aparecer separaciones en la junta entre la tina de baño y la pared.

Sin embargo antes de que se deshaga de una instalación manchada, astillada o rota, piense en darle un tratamiento de belleza con algún blanqueador, pintura para retocar, adhesivo o sellador. Estas restauraciones suelen prolongar la vida de una instalación deteriorada, aplazando los costosos reemplazos.

Manchas y depósitos minerales. Puede restaurar una instalación quitando manchas, desteñidas, manchas de moho y depósitos minerales. Un tratamiento eficaz para todos estos problemas es usar una solución líquida de blanqueador de cloro. Para mejorar la apariencia de una instalación esmaltada use una mezcla de pasta dental contra el sarro y peróxido.

Para quitar las manchas de moho de la porcelana o de la fibra de vidrio, con un limón cortado, aplique el jugo de limón. Si la instalación está muy manchada, use una solución al 15 % de ácido oxálico o una solución al 10 % de ácido clorhídrico. Aplique la solución de ácido con un trapo y déjela sólo un segundo o dos; después enjuague muy bien. Cerciórese de proteger su piel usando guantes.

Rallones y astillas chicas. Se le puede resbalar de la mano un aerosol y de repente tener un lavabo astillado. No se desespere. Puede cubrir un área chica de porcelana o de fibra de vidrio maltratada o astillada aplicando manos delgadas de pintura de esmalte o epóxica (véase la **figura a-1**), a la venta en tamaños para retocar y en muchos colores.

Antes de aplicar la pintura, limpie con alcohol la superficie la parte astillada, cerciórese de que esté limpia, seca y sin polvo. Con un pincel delgado, aplique varias manos de la pintura, matizándola hacia los bordes de la astilla. Deje secar la pintura una hora entre manos. No espere que quede perfecto, una vez que seque, se podrá ver cómo se aplicó la pintura.

Astillas grandes. Si la esquina o canto de una instalación de porcelana o de fibra de vidrio se rompió, y si tiene la astilla que encaja en el lugar de donde se desprendió, puede pegarse en su lugar con resina epóxica. De nuevo cerciórese de que las superficies estén completamente limpias y secas. Dependiendo de las instrucciones, unte el adhesivo en una o en ambas superficies y presione las piezas con firmeza (véase la **figura a-2**). Use una prensa de fijación o cinta adhesiva para cuidar la posición, sobre la compostura durante una hora o más. Deje secar el área toda una noche. Es más seguro.

Junta entre la tina de baño y la pared separada. Una de las composturas de baño más comunes es sellar grietas en la junta entre la tina de baño y la pared. Es una tarea que tendrá que repetir aproximadamente cada año porque el peso de la tina cambia a medida que se llena y se vacía una y otra vez.

La manera más sencilla de sellar la fastidiosa junta es con una mezcla para calafatear a prueba de agua, comúnmente llamado sellador plástico para tina y azulejo. El sellador viene en tubo.

Antes de aplicar el sellador, raspe la calafateadura desgastada. Limpie y seque muy bien el área para asegurar un buen sellado. Sostenga el tubo a un ángulo de 45° y lentamente apriete el tubo del sellador sobre la junta de la tina (véase la **figura b-1**), con un uniforme movimiento continuo. Si puede sellar cada lado de la tina sin detenerse, la línea de calafateo quedará más regular y limpia. Espere por lo menos 24 horas antes de usar la tina.

Si ve que el sellador no dura en la junta de la tina con la pared, coloque remate de "cuarto bocel" de azulejo (véase la **figura b-2**). Haciendo juego con el azulejo, los remates son fáciles de colocar alrededor del borde de la tina; utilice la mezcla para calafatear sólo como se describe como adhesivo. Cerciórese de raspar la calafateadura desgastada, limpie y seque antes de empezar.

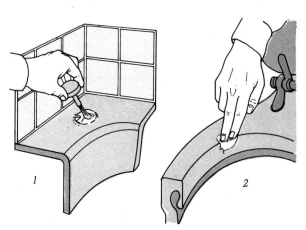

Figura a. Para hacer composturas, aplique varias manos delgadas de pintura para retocar (1), o pegue en su lugar la pieza rota, con resina epóxica (2).

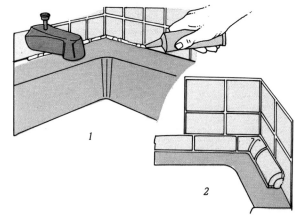

Figura b. Para arreglar la separación entre la tina y la pared, ponga una capa continua de sellador a prueba de agua (1) o coloque remate cuarto bocel de azulejo de cerámica (2) a lo largo de la junta.

Tinas y regaderas tapadas

Al igual que los desagües de lavabo, los desagües de tina y regadera pueden taparse con el paso del tiempo. Cuando se tapen, primero revise si hay otras instalaciones afectadas. De haberlas, trabaje en el drenaje principal (véanse las páginas 30-31). Si sólo está tapada la tina o la regadera, trabaje donde se requiera.

Tina con cespol "P"

Quite la placa de rebosadero y jale a través de la abertura el ensamble del desagüe automático o de vástago móvil (véase la página 21). Introduzca la guía hacia abajo por el tubo de rebosadero y por el cespol "P" (véase la figura 48). Utilice el método giratorio de sondeo, descrito en la página 27. Esto debe desatascar el desagüe. Si no es así, quite el cespol o la tapa de registro y dirija la guía hacia el drenaje principal.

Tina con cespol de bote con registro

En lugar de un cespol "P", común las tinas en construcciones antiguas pueden tener un cespol de bote (véase la figura 49) colocado a lo largo de la tina. Si está tapado, deseche el agua estancada en la tina para que el agua del cespol no se derrame en el piso. Con un perico ajustable destornille lentamente la tapa del registro del cespol de bote. Tenga cuidado con el agua que sale por la rosca; tenga a la mano trapos absorbentes. Quite la tapa y la junta de hule del cespol y limpie cualquier suciedad en el cespol mismo. Si ahí no encuentra la obstrucción, introduzca la guía hacia la tina a través del tubo bajo. ¿Aún no encuentra la obstrucción? Dirija la guía en la dirección opuesta (hacia el lado opuesto a la tina) hacia el drenaje principal.

Desagüe de regadera

Destornille la coladera sobre la abertura del desagüe. Introduzca la guía por el desagüe y a través del cespol hasta que llegue a la obstrucción (véase la **figura 50**).

Para obstrucciones profundas en los desagües de regadera, a menudo es más eficaz usar una manguera de jardín (véase la **figura 51**) que una guía. Utilice un adaptador roscado para conectar la manguera a una llave. Introduzca la manguera en el cespol del desagüe y coloque trapos en derredor de la manguera cubriendo la abertura, Mientras sostiene la manguera y los trapos en el desagüe, suelte completamente el agua a través de la manguera y de forma alternativa cierre bruscamente. Repita la operación si se necesita.

Advertencia: Nunca deje una manguera en ningún desagüe; un repentino descenso en la presión del agua puede trasegar las aguas negras hacia la toma de agua potable.

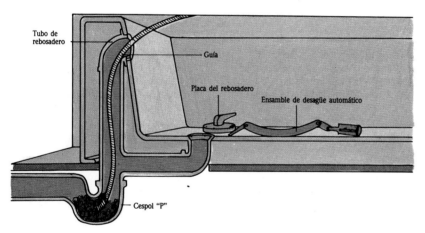

Figura 48. Para destapar una tina con cespol "P", introduzca la guía hacia abajo a través del tubo de rebosadero y maniobre la guía hasta llegar a la obstrucción.

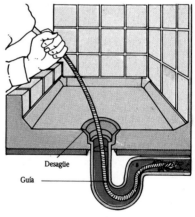

Figura 50. Para destapar un desagüe de regadera, introduzca la guía por la abertura del desagüe hacia el cespol.

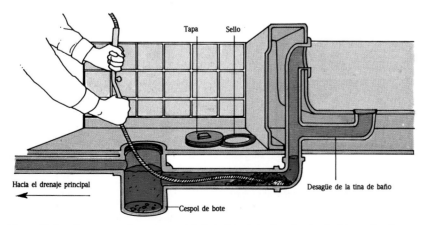

Figura 49. Para destapar una tina con cespol de bote, introduzca la guía a través del cespol, primero hacia la tina, después hacia el drenaje principal.

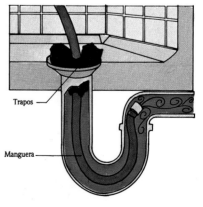

Figura 51. Utilice una manguera de jardín para desatascar el desagüe de una regadera, si la guía no llega hasta la obstrucción.

Obstrucciones en el drenaje principal

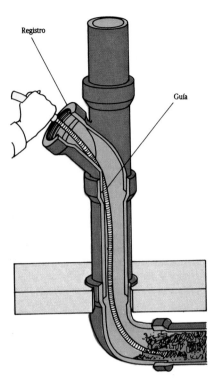

Figura 52. Una guía introducida por un registro se puede encauzar y maniobrar.

Si una obstrucción está tan profunda en los tubos como para llegar a ella por una instalación (como se detalla en las páginas 26-29), el problema se encuentra en alguna parte del sistema sanitario que canaliza el desecho hacia el albañal. Cuando está bloqueado un desagüe (de aguas negras) o el drenaje principal, se atascan todas las instalaciones a partir de la obstrucción. Si está obstruida la tubería de ventilación (tubo que libera los aires por el techo), los desechos drenan lentamente, y los olores de los tubos llegan a ser perceptibles en la casa. (Véase la página 8 donde se presenta una ilustración en este caso.)

Para descubrir y eliminar una obstrucción, rastree en los tubos desde las instalaciones tapadas hasta el desagüe principal de aguas negras, tubo vertical al cual se conectan todos los ramales. El desagüe de aguas negras se puede limpiar por arriba o por abajo. Limpiarlo por arriba significa introducir hacia abajo una guía larga por el tubo de ventilación en el techo; tome medidas precautorias, en especial sobre un techo en pendiente o resbaloso. Limpiar el desagüe de aguas negras por abajo, introducir una manguera o guía a través del registro principal, o una guía a través del cespol general con doble tapa, significa tra-

bajar con aguas de albañal sin depurar. Es un pésimo trabajo, esté prevenido con cubetas, trapeadores y trapos.

Si ninguno de los métodos descritos en esta sección ofrece los resultados requeridos, tendrá que llamar a un plomero o una compañía de servicios de plomería. Sus empleados utilizan sondas eléctricas para trabajo pesado que llegan y atraviesan las obstrucciones, por lo general rápida y eficientemente.

Guías, mangueras y bolsas globo. Las guías, operadas manual o eléctricamente, muy largas, son las herramientas fundamentales que se usan para disolver obstrucciones en el drenaje principal. Con una guía (véase la **figura 52**) se puede escudriñar y maniobrar en curvas para buscar una obstrucción persistente. Se puede utilizar cualquier tipo de guía, si se está llegando a la obstrucción por el desagüe desde arriba, por un registro o por el cespol general con doble tapa.

El largo de la guía necesaria depende de la altura del desagüe de aguas negras; comúnmente se utilizan las guías de 15 a 22 m de largo. El diámetro de la guía varía de acuerdo con el diámetro del drenaje: una guía de 15 mm para un drenaje de 5 cm de diáme-

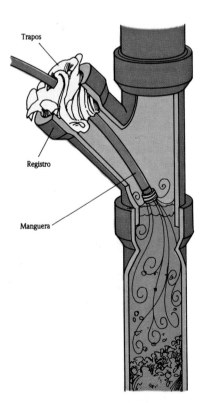

Figura 53. Una manguera de jardín con trapos rellenando el hueco puede ser más eficaz que una guía para forzar a desatorar una obstrucción profunda.

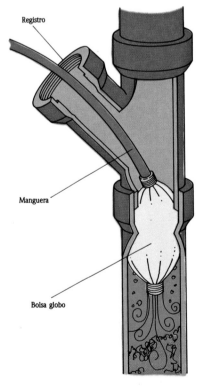

Figura 54. Una bolsa globo conectada a la boquilla de la manguera trasmite un impulso de presión potente para desatascar una obstrucción.

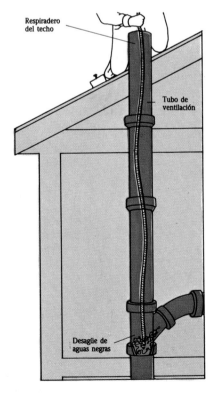

Figura 55. Sondear por el tubo de ventilación hacia el desagüe de aguas negras significa abordar una obstrucción desde arriba con una guía larga.

tro, a una guía de 18 mm para un drenaje de 10 cm de diámetro.

Si está tratando de destruir la obstrucción trabajando a través de un registro, tiene dos opciones adicionales: una manguera de jardín con trapos rellenado el hueco (véase la **figura 53**), o una bolsa globo conectada a la boquilla de la manguera (véase la **figura 54**). Véase la página 29, donde se presenta más información sobre el uso de una manguera.

Cómo desatascar desde arriba el drenaje de aguas negras. Colóquese sin correr riesgos sobre el techo. Introduzca una guía extra larga (el largo depende de la altura del drenaje) a través del respiradero del techo y diríjala hacia abajo por el tubo de ventilación (véase la **figura 55**), maniobre la guía de lado a lado hasta que deje de penetrar. Si la obstrucción no está en el desagüe de aguas negras principal, está en el drenaje principal que va al albañal; trate de llegar a la obstrucción por el registro principal o por el cespol general con doble tapa.

Dónde buscar el registro principal. Por lo general el registro principal (véase la **figura 56**), una "Y" sanitaria, está cerca de la parte inferior del desagüe de aguas negras por donde el drenaje principal sale de la casa. Busque en el primer piso o garaje, o en el exterior en alguna pared cerca de una instalación de plomería.

En la mayoría de las construcciones nuevas hay varios registros, por lo general uno en cada ramal del sistema sanitario que tenga una curva cerrada. (La obstrucción puede ser accesible por uno de estos registros del ramal; antes de abrir el registro principal intente llegar a la obstrucción a través de uno de estos registros.)

Cómo abrir el registro principal. Para recibir las aguas negras del tubo de drenaje coloque una cubeta grande vacía y despliegue periódicos debajo del registro principal. Para destornillar la tapa utilice una llave "stillson" (véase la **figura 57**), ábrala lentamente para controlar el derrame de las aguas negras. Utilice una guía, una manguera o una manguera con globo para desatascar la obstrucción; después limpie con chorro de agua. Unte lubricante a la tapa del registro y vuelva a cerrar el registro. Si ninguno de estos métodos le da resultados, muévase cuesta abajo hacia el cespol de retorno con doble tapa.

Cómo trabájar en el cespol de retorno con doble tapa. Esta conexión se puede identificar por sus dos tapas adyacentes de registro cerca de donde el drenaje principal sale de la casa. Por lo general, el cespol de retorno está a nivel del suelo, si el drenaje principal corre debajo del piso.

Antes de abrir el cespol de retorno, extienda trapos y periódico en derredor para absorber cualquier derrame. Con una llave "stillson", afloje lentamente la tapa más cercana al tubo del albañal exterior. Escudriñe con una guía el cespol y los tubos que lo conectan (véase la **figura 58**). Esté preparado para retirar la guía y tapar rápidamente el cespol cuando el agua comience a fluir. Cuando el agua se calme, abra ambos extremos del cespol y límpielo con un cepillo de alambre. Vuelva a tapar y eche un chorro de agua a los tubos desde un registro cuesta arriba.

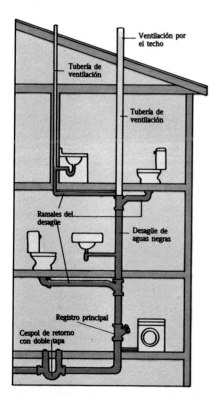

Figura 56. El registro principal por lo general está colocado en la parte inferior del desagüe de aguas negras en donde los desechos pasan al drenaje principal.

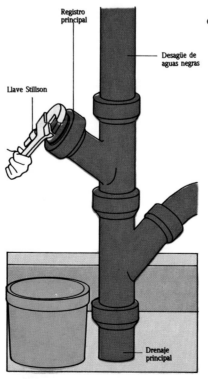

Figura 57. Cuando abra el registro principal, esté preparado con una cubeta grande para recibir el derrame que puede ocurrir.

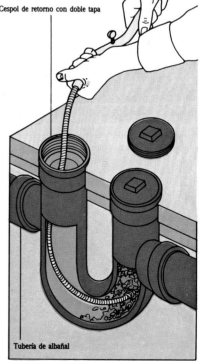

Figura 58. Cuando escudriñe a través de un cespol de retorno con doble tapa, trabaje lentamente, permitiendo que el agua drene de forma gradual.

Guía para componer inodoros

Para la mayoría de la gente el funcionamiento de un inodoro sigue siendo un misterio hasta que empieza a funcionar incorrectamente. Afortunadamente, lo que parece ser complicado, en realidad, es bastante sencillo. Básicamente, bajo la tapa hay dos ensambles ocultos: el ensamble de la llave del flotador, el cual regula el llenado del tanque, y el ensamble de la válvula de descarga automática, que controla el desagüe del tanque a la taza.

Cuando alguien baja el maneral de descarga, provoca lo siguiente: la palanca accionadora alza los alambres (o cadena) conectados al tapón. A medida que el tapón del tanque sube, el agua se precipita a través del asiento de válvula hacia la taza por las salidas de descarga. El agua en la taza cede por gravedad y es conducida al cespol y al tubo de drenaje.

Una vez que el tanque se vacía, el tapón cae en el asiento de válvula de descarga automática. La esfera del flotador acciona el ensamble de la llave del flotador para permitir entrar de nuevo abastecimiento de agua en el tanque a través del tubo de llenado. A medida que el nivel de agua en el tanque sube, también sube la esfera del flotador hasta que está lo suficientemente alta para cerrar el suministro de agua, completando el proceso. Si el agua no se cierra, el tubo de rebosadero lleva el agua hacia abajo a la taza para evitar que el tanque se desborde, cosa que no debe suceder.

Antes de que pueda abordar un problema en un inodoro, necesitará aprender un poco acerca de los componentes interiores de la instalación (véase la **figura 59**). Una vez que los haya estudiado, la tabla podrá ayudarle a determinar con precisión al inodoro problemático. En las siguientes páginas se presenta información sobre cómo arreglar los inodoros que hacen ruido, que se quedan pasando agua, tapados y, en general, que dan problemas.

Advertencia: Cuando quite la tapa del tanque, colóquela lejos donde no pueda golpearse con una llave que se le caiga. En segundo término, no fuerce una tuerca obstinada; acéitela. Esto reduce el riesgo de que se le resbale la llave y rompa el tanque o la taza, una reposición costosa.

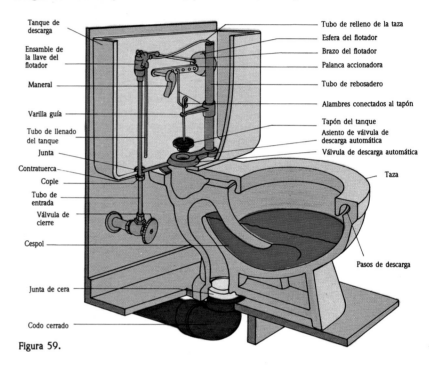

Figura 59.

Problema	Origen	Composturas	Página
Descarga ruidosa	Llave del flotador desgastada	Aceitar palanca, cambiar arandelas desgastadas o instalar un nuevo ensamble de llave del flotador	33
Agua que se pasa continuamente	El brazo del flotador no está subiendo lo suficiente	Doblar el brazo del flotador o separarlo de la pared del tanque	34
	Esfera del flotador llena de agua	Cambiar la esfera	34
	El tapón del tanque no está asentando con propiedad	Ajustar la varilla guía o cadena del tapón; cambiar el tapón desgastado	34
	Asiento de válvula de descarga automática corroído	Limpiar el asiento de la válvula o cambiarlo	34, 35
	Tubo de rebosadero agrietado	Cambiar tubo o instalar un nuevo ensamble de válvula de descarga automática	35
	La válvula de la llave del flotador no cierra bien	Aceitar palanca, cambiar arandelas desgastadas o instalar un nuevo ensamble de llave del flotador	33
Inodoro tapado	Obstrucción en el drenaje	Destapar la obstrucción con un elemento de drenaje o sonda con manivela	36
Descarga inadecuada	Conexión defectuosa entre el maneral y la palanca accionadora	Apretar el tornillo prisionero en la conexión del maneral, o cambiarlo	37
	El tapón del tanque se cierra antes de que el tanque se vacíe	Ajustar la varilla guía o cadena del tapón	34
	Fuga entre el tanque y la taza	Apretar las contratuercas abajo del tanque o cambiar el sello	37
	Pasos de descarga tapados	Destapar con un alambre las obstrucciones de los pasos	37
Tanque que exuda	Condensación	Instalar en el tanque aislamiento o una válvula de temple	37

Inodoros ruidosos

Si el inodoro emite un "quejido" o silbido agudo, puede ser el ensamble de la llave del flotador (véase la **figura 60**). El ensamble de la llave del flotador de *tipo diafragma* es el mecanismo más convencional, utiliza alrededor de 19 litros por descarga. La *válvula de descarga automática de dos sentidos* tiene un maneral que se mueve hacia arriba para realizar una descarga parcial, y hacia abajo para realizar una descarga completa. Sus dos tapones regulan el desagüe de medio tanque o de tanque completo. La *llave de flotador con flotador de copa* elimina la necesidad de un brazo y un flotador de esfera; mecanismo sencillo, que ayuda a evitar las fugas silenciosas. La *válvula ajustable de llenado* es un mecanismo chico sin flotador que está controlado por la presión del agua contra su superficie.

Advertencia: Antes de realizar cualquier trabajo, cierre el agua con la válvula de cierre de la instalación o con la válvula principal de cierre (véase la página 23). Para va-

ciar el inodoro descargue dos veces, y seque cualquier residuo de agua.

Cómo cambiar las arandelas de la llave del flotador. Estas partes diminutas, en los ensambles tipo de diafragma, pueden estar causando las fugas o los sonidos fuertes en el tanque. Quite las dos mariposas de retención en la parte superior del ensamble de la llave del foltador que sostienen el brazo del flotador en su lugar y desarme el ensamble del flotador del tanque.

Con unas pinzas jale y saque el pistón de la llave del flotador. En el pistón (véase la **figura 61**) encontrará las arandelas: una de asiento y otras partidas. Si están desgastadas, cámbielas por nuevas iguales. Si la llave del flotador continúa fugando, cambie todo el ensamble.

Cómo quitar el ensamble de la llave del flotador. Con un perico ajustable, destornille el cople y la junta que conectan el tu-

bo de entrada de agua con la parte que está debajo del tanque. Examine el cople y cámbielo si está desgastado. Quite la esfera y el brazo del flotador dentro del tanque. Con unas pinzas para tornillo y un perico, destornille la contratuerca y la arandela que sostiene la caña de la llave del flotador en el tanque (véase la **figura 62**). Saque la llave del flotador desgastada y cámbiela.

Cómo instalar un nuevo ensamble de llave de flotador. Coloque una arandela y una contratuerca, en ese orden, en la parte inferior del nuevo ensamble. Afiance el ensamble apretando la tuerca. Instale y apriete el cople y el sello en el tubo de entrada debajo del tanque. Coloque el tubo de relleno de la taza en el tubo de rebosadero (véase la **figura 63**). Instale el brazo y la esfera a la llave del flotador. Apriete firmemente el cople y la contratuerca.

Abra el agua y deje llenar el tanque. Ajuste el brazo del flotador.

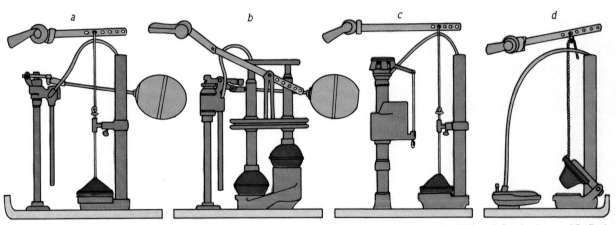

Figura 60. Ensambles de la llave del flotador: (*a*) tipo diafragma, (*b*) válvula de descarga automática de dos sentidos, (*c*) llave de flotador de copa, (*d*) válvula ajustable de llenado.

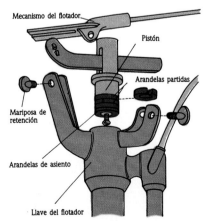

Figura 61. Para detener las fugas en la llave del flotador, quite el pistón y cambie las arandelas desgastadas.

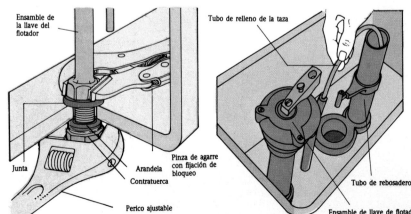

Figura 62. Para quitar el ensamble de la llave del flotador, use la contrafuerza de una pinza y un perico para destornillar la contratuerca.

Figura 63. Para instalar un conjunto de llave de flotador, coloque el tubo de relleno de la taza en el tubo de rebosadero.

Inodoros que se quedan pasando agua

¿Está listo para poner fin a ese incesante escurrir y gorgoteo en el tanque? Para ayudarse a diagnosticar el origen exacto del escurrimiento de agua en el inodoro consulte la tabla en la página 32; la figura 59 en la página 32 le ayudará a determinar con exactitud el área del problema. Después pruebe una de las siguientes composturas.

Advertencia: Antes de trabajar en el tapón o en el asiento de válvula, cierre el agua con la válvula de la instalación o con la válvula de cierre principal (véase la página 23).

Cómo ajustar el brazo del flotador. Una solución para un tanque que se queda pasando agua es doblar hacia abajo el brazo del flotador (véase la **figura 64**) para que selle la válvula de descarga. También, vea si la esfera está pegando contra la pared del tanque. Si es así, ajústela. Cerciórese de usar ambas manos, y trabaje con cuidado para evitar forzar el conjunto.

Cómo cambiar la esfera del flotador. La esfera del flotador, de plástico o de metal, algunas veces se perfora y se llena de agua. Si esto sucede, destornille la esfera y cámbiela.

Trabajando en el tapón y en el asiento de válvula. La causa común en un inodoro que continuamente está pasando agua es un tapón de tanque (véase la **figura 65**) o asiento de válvula desgastado. Si el asiento está desigual o si el tapón está descentrado, estas dos partes no pueden sellar herméticamente. Para revisar, quite la tapa del tanque y descargue el inodoro para vaciar el agua. Observe el tapón; éste debe caer recto para detener el flujo de agua del tanque. Si no cae recto, tendrá que ajustarlo como se indica en "Cómo instalar un tapón de aleta".

A continuación, revise el asiento de válvula (por lo general, es de latón, cobre o plástico) para ver si está corroído, o tiene formación mineral. Si encuentra algún problema, frote suavemente con estopa de acero (véase la **figura 66**).

Examine el tapón. Si está blando o deformado, cámbielo por uno nuevo (instrucciones más adelante). Si el agua aún se pasa, necesitará cambiar el ensamble de la válvula de descarga automática (instrucciones más adelante) o componga la llave de flotador (véase la página 33).

Cómo instalar un tapón de aleta. Si necesita cambiar el tapón del tanque, instale el tipo de aleta con cadena, para eliminar cualquier problema futuro de alineación incorrecta con los alambres conectados al tapón o con el brazo guía (véase la **figura 67**). Es fácil la reposición. Descargue el agua del tanque. Desenganche los alambres conectados al tapón de la palanca accionadora, después levante la varilla guía y los alambres. Deslice el tapón de aleta nuevo hacia abajo sobre el collar del tubo de re-

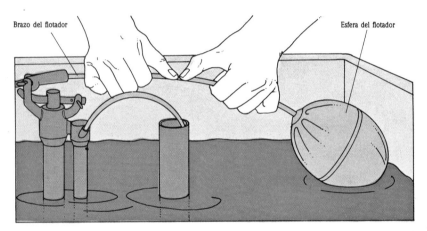

Brazo del flotador

Esfera del flotador

Figura 64. Doblar el brazo del flotador hacia abajo reduce el nivel de agua en el tanque, de este modo el inodoro no continúa pasando agua.

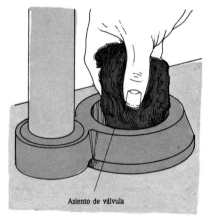

Asiento de válvula

Figura 66. Para limpiar el asiento de la válvula de descarga automática, frote suavemente con fibra de acero fino el asiento, el chapetón y la válvula de salida.

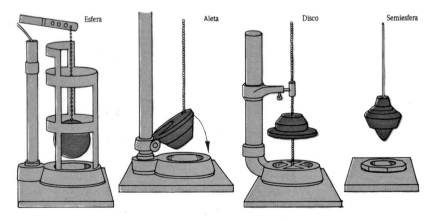

Esfera   Aleta   Disco   Semiesfera

Figura 65. Tapones de tanque: tapón esfera, aleta, disco y semiesfera.

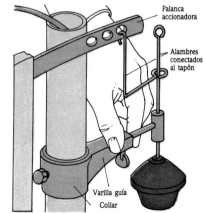

Palanca accionadora

Alambres conectados al tapón

Varilla guía

Collar

Figura 67. Para instalar un tapón de aleta, primero quite los alambres superior e inferior conectados al tapón y la varilla guía.

bosadero y afiance la cadena a la palanca accionadora.

Cómo cambiar el ensamble de la válvula de descarga automática. Primero vacíe el tanque. Quite el tapón y la varilla guía, los alambres conectados al tapón o cadena viejos, también.

Si tiene un inodoro anticuado colgado en la pared (véase la **figura 68**), afloje el cople en ángulo de 90 grados del tubo corto abajo del tanque y quite el tubo. Destornille la contratuerca del tubo de descarga; después quite el asiento de válvula y el sello.

En un tanque montado sobre la taza (véase la **figura 69**), quite los pernos, después los sellos.

Inserte el tubo de descarga del nuevo ensamble de válvula en la parte inferior del tanque. Coloque el tubo de rebosadero (véase la **figura 70**), apriete la contratuerca y sosténgalo en su lugar. Centre la varilla guía en el tubo de rebosadero (véase la **figura 71**). Instale los alambres que se conectan al tapón a través de la varilla guía y palanca accionadora (página 32). Atornille el tapón al alambre inferior (véase la figura 72), póngalo en línea con el centro del asiento.

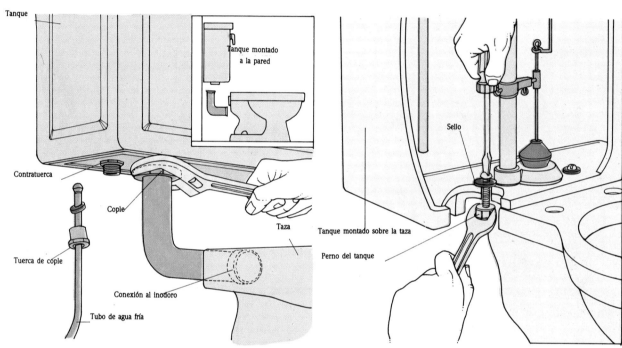

Figura 68. El inodoro colgado a la pared tiene un tubo curvo que conecta el tanque a la taza.

Figura 69. El tanque de inodoro montado sobre la taza tiene dos pernos que afianzan el tanque encima de la taza.

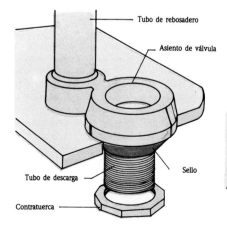

Figura 70. Coloque el tubo de rebosadero en dirección al ensamble de llave del flotador y apriete la contratuerca que sostiene el tubo de descarga.

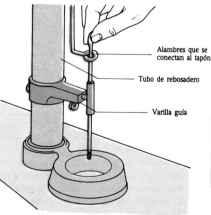

Figura 71. Centre la varilla guía en el tubo de rebosadero e instale los alambres que se conectan al tapón sobre el asiento de válvula.

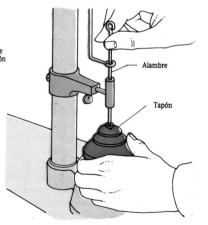

Figura 72. Atornille el tapón al alambre inferior y colóquelo directamente sobre el asiento de la válvula.

Inodoros tapados

Si sospecha que un inodoro está tapado, no lo accione o tendrá una segura inundación. Sin embargo si ve que está a punto de desbordarse, por lo general podrá evitarlo quitando rápido la tapa del tanque y cerrando la válvula de descarga automática con la mano (véase la **figura 73**). Sólo baje el tapón hacia el asiento de la válvula.

La causa común en un inodoro tapado es una obstrucción en el cespol. Para desatascarlo, use un destapador de drenaje; si no funciona, use una sonda con manivela. Si estas herramientas no despejan la obstrucción, puede intentar usar una man-guera o una bolsa globo (véase la página 30), por el registro más cercano.

Advertencia: No vierta ningún tipo de destapacaños en el inodoro. No sólo son ineficaces, sino que pueden dañar la porcelana y tener el problema adicional del agua cáustica.

Cómo utilizar el destapador de drenaje. Primero, intente bombear la obstrucción. Utilice un destapador con copa de embudo, éste tiene un extremo especial que se adapta a la taza (véase la **figura 74**). Bombee hacia arriba y hacia abajo una do-cena de veces para empujar la obstrucción a través del cespol o hacerla regresar a la taza.

Cómo utilizar la sonda con manivela. Si el destapador no desatasca la obstrucción, el siguiente paso es usar una sonda con manivela (véase la **figura 75**). Esta herramienta llega hasta el cespol del inodoro. Tiene una punta curva que supera las curvas con un mínimo de esfuerzo, y un cuerpo de palo para evitar raspar la taza. Para usar la guía siga las instrucciones en la página 27.

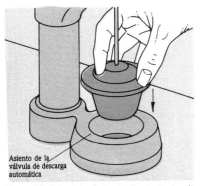

Figura 73. Baje el tapón hacia el asiento de válvula con la mano para evitar que se desborde mientras el inodoro.

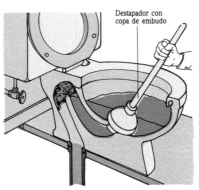

Figura 74. Utilice un destapador con copa de embudo, especialmente diseñado para inodoros, para remover una posible obstrucción en el cespol del inodoro.

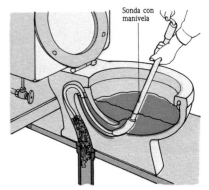

Figura 75. Utilice una sonda con manivela con punta curva para llegar a la obstrucción profunda en el cespol del inodoro.

Mantenimiento de la fosa séptica

Un buen sistema de fosa séptica no requiere de mucho mantenimiento ni se necesitan tomar muchas precauciones especiales. Sin embargo el mantenimiento que requiere es crucial, ya que el mal funcionamiento del sistema puede constituir un serio peligro para la salud. Debe tener un plano esquemático de la fosa séptica, que indique la posición del tanque, de los tubos, de la boca de acceso y del campo de drenaje.

Nunca se deben echar químicos al sistema, limpiadores y productos de papel grueso. Algunos químicos destruyen la bacteria necesaria para atacar y desintegrar los desechos sólidos dentro de la fosa séptica. Los productos de papel pueden obstruir el drenaje principal que va a la fosa y a los tubos más angostos que van hacia el campo de dispersión, dejando inservible todo el sistema.

Haga revisar la fosa séptica por lo menos una vez al año. Para que funcione con propiedad, la fosa debe mantener el equilibrio entre el cieno (sólidos que permanecen en el fondo), el líquido y la capa de impurezas (gas que contiene diminutas partículas sólidas). La proporción de las capas de cieno e impurezas con respecto a la capa líquida (véase la **figura a**) determina si es necesario bombear.

La inspección y el bombeo deben hacerlo siempre profesionales.

Haga bombear la fosa séptica sin falta cada vez que sea necesario, pero planeelo por adelantado. Es mejor remover en primavera el cieno y una porción de las impurezas. Si se hace en otoño, la fosa estará cargada de desechos sólidos que no podrá descomponer a lo largo del invierno, cuando la acción bacteriana se hace más lenta.

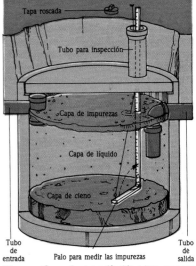

Figura a. Capas de cieno, líquido e impurezas en una fosa séptica.

Problemas de exudación, fugas y descarga en el inodoro

Los diversos problemas en un inodoro que necesita arreglar incluyen exudación (condensación de aire húmedo en el tanque), fugas directas, y dificultades con el maneral o con los pasos de descarga.

Advertencia: Antes de trabajar en un problema de exudación en el tanque o una fuga, cierre el agua con la válvula de cierre de la instalación o con la válvula de cierre principal (véase la página 23), y vacíe y seque el tanque.

Exudación del tanque. Un problema común, la exudación del tanque sucede con mayor frecuencia en verano, cuando el agua fría en el tanque enfría la porcelana y el aire húmedo caliente se condensa en el exterior. Es mucho más que un inconveniente, la exudación favorece el moho, afloja el azulejo del piso y pudre el firme.

Una solución fácil es: aislar el interior del tanque con un revestimiento especial comercializado, o hacer un revestimiento con caucho.

Para hacer el revestimiento del tanque, corte piezas de caucho alveolar de 12 mm de espesor que se amolden dentro del tan-

que. Aplique una capa generosa de adhesivo de silicón o cemento de goma en los costados del tanque y presione el caucho en su lugar (véase la **figura 76**). Deje secar el adhesivo durante 24 horas antes de rellenar el tanque. Cerciórese de que las piezas no interfieren entre sí.

Si el agua que entra en el tanque con frecuencia está abajo de 50° F., puede necesitar una válvula de temple (véase la **figura 77**) la cual mezcla el agua caliente con el agua fría. Una válvula de temple requiere de una conexión de agua caliente; la instalación es cara y difícil.

Fugas. Para detener una fuga entre el tanque y la taza de un inodoro (de una pieza) (véase la **figura 78**), necesitará quitar el tanque (véase la página 35) y cambiar el sello. Si la fuga persiste, inspeccione el ensamble de la válvula de descarga automática para cerciorarse de que no esté desgastado (véase la página 35).

Si la fuga está en el tubo de entrada de agua, destornille el cople bajo el tanque e inspeccione la arandela puede estar desgastada.

Si está fugando la base de la taza del inodoro, necesitará cambiar el sello de cera que sella la taza a la brida del piso. Comience por quitar el tanque (véase la página 35) y la taza (véanse las páginas 78-79). Después, con una espátula, quite el sello viejo (véase la **figura 79**) de la parte inferior de la taza y de la brida del piso. Inspeccione la brida del piso puede estar deteriorada. De ser así cámbiela.

Coloque un nuevo sello de cera (véase la **figura 80**) en la abertura del inodoro (llamada corneta). Aplique junta proel alrededor de la orilla inferior de la taza. Vuelva a instalar el inodoro (páginas 78-79).

Problema de descarga. Un maneral o una palanca accionadora flojos pueden causar un ciclo de descarga inadecuado o irregular. Apriete el tornillo prisionero en la conexión del maneral (véase la **figura 81**) o cambie el maneral si no funciona adecuadamente.

Utilice un pedazo de alambre para destapar los pasos de descarga debajo del chapetón de la taza.

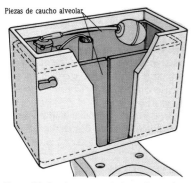

Figura 76. Instale un revestimiento de caucho en el tanque del inodoro para aislarlo, y evitar la exudación del tanque.

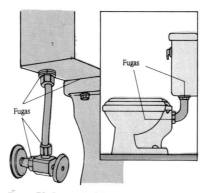

Figura 78. Repare las fugas entre la taza, y el tanque de la pared cambiando el sello y las arandelas de conexión.

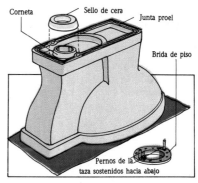

Figura 80. Instale un nuevo sello de cera en la corneta del inodoro para hacer un sello a prueba de agua con la brida al piso.

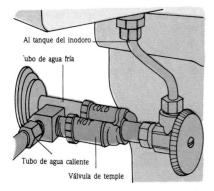

Figura 77. La válvula de temple mezcla agua caliente y fría para detener la posible condensación en el tanque.

Figura 79. Cambie el sello de cera debajo de la taza, para detener fugas en la base del inodoro.

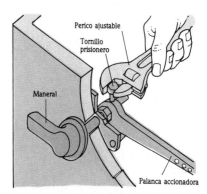

Figura 81. Si una descarga inadecuada le está aflojando el maneral, apriete el tornillo prisionero del maneral o el de la palanca accionadora.

Problemas en el calentador de agua

Considerando cuánto dependemos de ellos, es bueno saber que los calentadores de agua están entre los aparatos domésticos que más duran. Relativamente sencillos en diseño, los calentadores de agua convencionales son comúnmente unidades de encendido de gas (véase la **figura 82**) o eléctrico (véase la **figura 83**). (Las innovaciones recientes incluyen calentadores de agua de paso sin tanque que consumen hasta 20 por ciento menos combustible que los modelos de tanque.)

En un calentador convencional, el tubo profundo lleva el agua fría a la parte inferior del tanque y el agua caliente sale por la parte superior del tanque a medida que se usa. Cuando la temperatura del agua baja, el termostato activa el quemador en una unidad de gas, o los dos elementos de calefacción en un modelo eléctrico. En los calentadores de gas (o de petróleo), el conducto de humos corre por el centro y da salida hacia el exterior a los gases nocivos; los calentadores eléctricos no necesitan ventilación.

Todo calentador tiene en la parte inferior del tanque una válvula de vaciado para sacar el agua y el sedimento o moho del interior del tanque. Abra, de vez en cuando, la válvula de vaciado para drenar el agua turbia. También, como medida de seguridad, ponga a prueba la válvula de desahogo de temperatura y presión que se encuentra encima del tanque (véase más adelante, "Válvula de desahogo funcionando mal").

Calentadores de gas para agua. Cerciórese de cómo encender la llama del piloto (véase la **figura 82**). El calentador debe contar con un manual y tener las instrucciones de encendido impresas sobre el propio calentador cerca del termostato. Es muy importante que el conducto de humos esté bien instalado para que la combustión de residuos se escape sin causar daños. Por seguridad, nunca haga composturas en el quemador de gas.

Calentador eléctrico para agua. El termostato por lo general está oculto detrás de una puerta especial metálica sobre un lado del tanque (véase la **figura 83**). Si necesita desconectar la corriente que va al calentador, cerciórese de cortar la electricidad en la caja de fusibles o bajando el interruptor automático.

Válvula de desahogo funcionando mal

Un calentador de agua residencial tiene una válvula de desahogo de temperatura y presión instalada en la parte superior del tanque. La válvula permite escapar sin peligro vapor o agua en caso de que funcione mal el termostato o aumente excesivamente la presión.

Si la válvula de desahogo de temperatura y presión se abre con frecuencia para dejar salir vapor o agua, apague el calentador y consulte con el fabricante. La válvula de desahogo de temperatura y presión puede estar descompuesta, o puede haber un aumento de temperatura o de presión. Cambiar una válvula achacosa es fácil. Sin embargo el cambio de cualquiera de los componentes responsables por la presión y la temperatura, cuando éstas suban, es trabajo profesional.

La válvula de desahogo de temperatura y presión se debe poner a prueba periódicamente (véase la **figura 84**). Si la válvula de desahogo no tiene conectado un tubo de rebosadero conecte una manguera a la válvula y ponga la manguera en una cubeta. Levante la manija de la válvula, ésta debe proporcionar agua caliente a la manguera o al tubo. Si no es así, instale una válvula nueva.

Fuga en el tanque

Si descubre que el tanque del calentador de agua tiene un hoyo, puede hacerle una reparación temporal (véase la **figura 85**), sin embargo un punto débil indica que el resto del tanque también está corroído. Empiece a pensar en comprar uno nuevo (véanse las páginas 86-89).

Para detener temporalmente la fuga, primero drene el agua; después quite la cubierta exterior y el aislante. Taladre el hoyo de la fuga sólo lo suficiente como para meter un perno acodillado, después inserte el perno y apriételo para detener la fuga.

Sin agua caliente

En un calentador de gas para agua, la falta de agua caliente por lo general se puede deber a una de las siguientes circunstancias, y es fácilmente remediable.

■ *Se apagó la flama del piloto.* Limpie el polvo y la pelusa del área y vuelva a encender el piloto según las instrucciones del fabricante.

■ *Accidentalmente se cerró la válvula de entrada de gas* colocada en el tubo de abastecimiento (está girada de manera que la manija está en ángulo recto con respecto al tubo). Ábrala de modo que la manija quede paralela al tubo. Después vuelva a encender el piloto según las instrucciones.

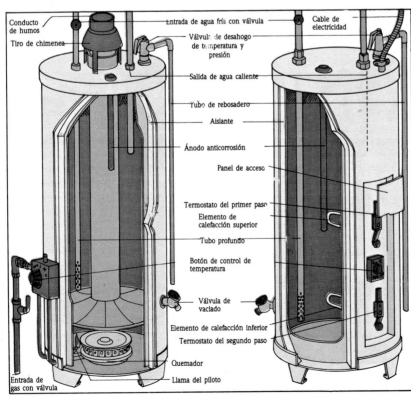

Conducto de humos
Tiro de chimenea
Entrada de agua fría con válvula
Cable de electricidad
Válvula de desahogo de temperatura y presión
Salida de agua caliente
Tubo de rebosadero
Aislante
Ánodo anticorrosión
Panel de acceso
Termostato del primer paso
Elemento de calefacción superior
Tubo profundo
Botón de control de temperatura
Válvula de vaciado
Elemento de calefacción inferior
Termostato del segundo paso
Quemador
Entrada de gas con válvula
Llama del piloto

Figura 82. Calentador de agua de gas.

Figura 83. Calentador de agua eléctrico.

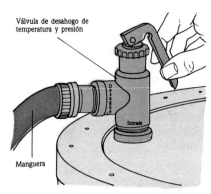

Figura 84. Para probar una válvula de desahogo de temperatura y presión, levante la manija de la válvula hasta que salga agua caliente.

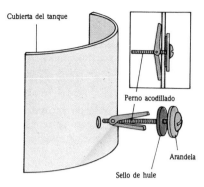

Figura 85. Para hacer una reparación provisional al tanque, drénelo y haga la perforación suficiente como para introducir un perno acodillado.

■ *Se apagó o está descompuesto el termostato.* Gire el interruptor del termostato a la posición de "encendido". Si no resuelve el problema, el termostato dejó de servir: ¡cámbielo!

En un calentador de agua eléctrico, revise los siguientes motivos por los que "puede no haber agua caliente":

■ *Está apagado el interruptor del calentador.* Gírelo a "encendido".

■ *Se fundió el fusible o se botó el interruptor automático que alimenta al calentador.* Vuelva a conectar la electricidad.

■ *El elemento de calefacción superior se quemó o tiene formación de calcio, o el termostato está descompuesto.* Pida a un técnico que lo revise y que haga los cambios necesarios.

Agua caliente insuficiente o tibia

Ya sea de gas o eléctrico, un calentador de agua puede no mantener la suficiente agua para satisfacer las necesidades. (Véase la tabla de la página 88, en ésta se explica cómo escoger el tamaño de un calentador de agua según los requerimientos de su familia.) Los calentadores chicos necesitan hasta media hora para recuperarse después de un baño o un ciclo de lavadora de ropa completos. No obstante, antes de decidirse por un calentador grande estudie las siguientes posibilidades.

Si tiene un calentador de gas para agua:

■ *El selector del termostato está demasiado bajo.* Si el termostato está a la vista, ajústelo hacia arriba. Debe proporcionar temperaturas hasta de 160°, calor necesario para hacer funcionar eficaz-

mente un lavaplatos. Si no puede encontrar el termostato, probablemente esté oculto por la capa aislante en derredor del tanque. Ajustarlo requerirá la visita del proveedor de servicio. No altere el aislante.

■ *La válvula de entrada de gas colocada en el tubo de abastecimiento está parcialmente cerrada.* Ábrala completamente, de manera que la manija quede exactamente paralela al tubo.

Si tiene un calentador eléctrico para agua:

■ *El termostato está demasiado bajo o está descompuesto.* Llame a la compañía de servicio. Para trabajar adecuadamente, el termostato debe estar oculto en el aislante, por lo tanto está fuera de alcance. Si altera el aislante, es casi seguro que haga funcionar el termostato sin ninguna precisión.

■ *Se quemó el elemento de calefacción inferior.* Llame a un técnico para que lo cambie. El departamento de composturas de la compañía de servicio por lo general no hace reparaciones, sólo ajusta el equipo del calentador.

Agua demasiado caliente

Si tiene un calentador de gas para agua:

■ *El termostato está demasiado alto.* Ajústelo a una posición más baja. Sin embargo recuerde, que si tiene una lavadora de platos se recomienda una temperatura de 150° a 160°. Si sale vapor o agua hirviendo de una llave, el termostato ya no funciona y debe cambiarse. Si esto sucede, cierre la válvula

de entrada de gas al calentador y busque ayuda profesional.

■ *El quemador no se apaga.* Cuando el termostato no apaga el quemador, puede ver salir vapor de las llaves. Cierre la válvula de entrada de gas al calentador hasta que consiga ayuda profesional.

Si tiene un calentador de agua eléctrico:

■ *El termostato está demasiado alto.* Ajústelo a una posición más baja. No obstante recuerde, que si tiene una lavadora de platos se recomienda una temperatura de 150° a 160°. Si sale vapor o agua hirviendo de una llave, el termostato está funcionando mal. Piense en terminales insuficientes o quemadas, problemas que debe atender un profesional.

■ *Si está descompuesto el elemento de calefacción del termostato o el corte de temperatura alta.* Requiere reparación; es necesaria la ayuda profesional.

Calentador de agua ruidoso

Las causas, y los remedios, del ruido en un calentador de agua son las mismas en un calentador de gas que en uno eléctrico.

■ *Formación de sedimento en el tanque.* Si hay sedimento en el tanque oirá sonidos sordos y crujidos fuertes. A medida que se acumula sedimento, van quedando atrapadas pequeñas cantidades de agua entre las capas. Cuando esta agua atrapada se calienta mucho, sale de su cavidad. Los ruidos sordos y crujidos en realidad son una serie de pequeñas explosiones de vapor que pueden ser irritantes y hasta peligrosas.

Si purga regularmente el calentador (abrir la válvula de vaciado de 2 a 6 meses por año) para drenar el agua turbia, moho y sedimento no resuelve el problema, compre un compuesto para limpiar, hecho especialmente para disolver la capa de óxido acumulada. Las instrucciones en el envase del compuesto le darán los detalles de cómo usar el producto.

■ *Formación de vapor en el tanque.* Revise la válvula de desahogo de temperatura y presión. (Véase, "Válvula de desahogo funcionando mal".) La válvula debe estar periódicamente liberando vapor. De no ser así, tal vez convenga cambiarla.

Descomposturas en el triturador de basura

Si el triturador de basura zumba fuerte, deja de funcionar por completo o se atascó.

Advertencia: No intente destapar con químicos de ningún tipo un tubo obstruido de desagüe de eliminación de basura. Probablemente no le darán buenos resultados, y tendrá el problema adicional de un tubo lleno de solución cáustica. Por seguridad, nunca meta la mano en un triturador, trate de improvisar otra manera para sacar cualquier cosa que pueda haber caído dentro del triturador. Algunas posibilidades son las pinzas o las tenazas.

Cómo hacer que vuelva a funcionar el mecanismo. Los trituradores tienen integrados dipositivos de seguridad. Algunos están equipados con un apagador automático que protege tanto la caja de la instalación eléctrica como al aparato cuando se traba. Otro tipo de interruptor de corte de corriente detiene sólo el mecanismo del picador.

Si el triturador se atasca, desconéctelo (o si es un triturador de alimentación intermitente quítele la cubierta), espere de 3 a 5 minutos para que se enfríe el motor, y después oprima el botón de seguridad (véase la **figura 86**) en la parte inferior del motor.

Cómo utilizar un palo de escoba. Con frecuencia el triturador se puede desatascar rápido y fácil con un palo de escoba. Una vez que se cerciore que el triturador está apagado. Meta en ángulo el palo de escoba (o una tabla de 2.5 cm por 5 cm) contra una de las cuchillas del propulsor (véase la **figura 87**) y apalanque. Accione el volante de pivote hacia atrás y hacia adelante hasta que se desatasque. Despeje la obstrucción y oprima el botón de seguridad para que funcione de nuevo el motor.

Cómo desatascar por abajo. En lugar de usar un palo de escoba (o si la técnica

del palo de escoba no da buenos resultados), puede tratar de desatascar el triturador por abajo. Algunos trituradores de basura tienen abajo una entrada para llave "Allen" (o una manivela que incluye el triturador) que hará girar el volante. Los modelos de lujo tienen un mecanismo de reversa automático que permite liberar el atascamiento encendiendo y apagando el interruptor.

Cómo desatascar con una guía. Si el tubo de drenaje del triturador se tapa, desmonte el cespol (véanse las páginas 24-25) y meta una guía por el tubo de drenaje (véase la **figura 88**).

Si en un fregadero con doble tarja ambas están tapadas introduzca la guía por la tarja que no tiene el triturador. Si sólo está tapada la tarja del triturador, tendrá que quitar el cespol para eliminar la obstrucción.

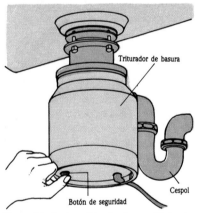

Figura 86. Oprima el botón de seguridad antes de volver a activar el triturador de basura.

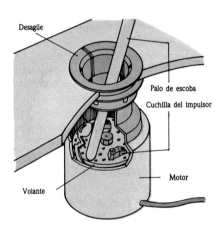

Figura 87. Utilice un palo de escoba para aflojar el desperdicio que esté obstruyendo el volante.

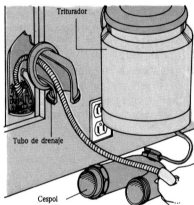

Figura 88. Destape un tubo de drenaje obstruido maniobrando con una guía.

Medidas preventivas para el buen funcionamiento del triturador de basura

Por lo general, los trituradores de basura son resistentes y devoran casi cualquier cosa que se le eche. Los modelos más caros pueden incluso triturar huesos, mazorcas de maíz y conchas de mariscos sin obstruirse (tipo de indigestión mecánica). Proteja la buena salud de su triturador apegándose a las siguientes medidas preventivas.

■ *No eche al triturador:* corcholatas, latas, vidrio, trapos, cuerda, papel, hule, plástico, espuma o filtros de cigarro. Lea en el manual los tipos de alimentos

que también debe evitar echar. Si no está seguro sobre si echar o no una sustancia al triturador, mejor tírela a la basura.

■ *Meta cantidades moderadas a la vez,* la sobrecarga causa atascamiento.

■ *Siempre utilice agua fría* (en abundancia) para arrastrar el desecho atorado. Cada vez que esté encendido el triturador mantenga el agua corriendo. El agua fría cuaja la grasa por lo que la arrastra en lugar de alojarla en los tubos.

■ *Desodorice el triturador* llenándolo tres cuartas partes con cubos de hielo. Accione la unidad (espere un crujido fuerte) y enjuague a chorro de agua fría. Por último, eche en el triturador la mitad de un limón y acciónelo.

■ *Enjuague el triturador* con una solución de 1 litro de agua caliente por 1/2 taza de sosa para blanquear (producto de lavandería que se vende en tiendas y supermercados). Repita el tratamiento cuando sea necesario.

Dilemas de la lavadora de platos

Las lavadoras automáticas de platos son invaluables ayudantes en la cocina. Sin embargo al igual que todas las máquinas, pueden fallar. En la mayoría de los problemas de los lavaplatos relacionados con la plomería encontrará involucradas las válvulas de entrada de agua o los drenajes. Muchos de estos problemas de plomería son suficientemente fáciles como para que los aborde usted mismo. Sin embargo si su lavaplatos tiene un problema mecánico, tal como un solenoide desgastado, es mejor llamar a un técnico para que haga el trabajo.

Composturas de problemas comunes en el lavaplatos. La tabla (abajo) le proporciona las causas de la mayoría de los problemas que encontrará en el lavaplatos. Examine minuciosamente el lavaplatos típico (véase la **figura 89**) y después examine su lavaplatos para determinar con exactitud la causa precisa del problema.

Mantenimiento del "intervalo de aire". Algunos reglamentos locales ordenan la instalación de un intervalo de aire (véase la **figura 90**) en el lavaplatos para evitar que el agua usada se trasegue del drenaje del fregadero o del triturador de basura hacia la lavadora de platos. (Si su lavaplatos no tiene intervalo de aire, en su lugar tiene una lazada alta en la manguera de desagüe.) El intervalo de aire es un casco cromado o tubo en el fregadero y en la contracubierta.

El agua de la lavadora de platos se descarga por una manguera de desagüe conectada a uno de los dos tubos en la parte inferior del intervalo de aire. Otra manguera de desagüe corre del intervalo de aire al cespol del fregadero o al del triturador.

Debido a que huesos, semillas o pedazos de alimento del lavaplatos o del triturador pueden alojarse en el intervalo de aire, se debe limpiar periódicamente. Retire el casco, destornille la cubierta, e inserte una sección larga de alambre, empújela recto hacia abajo. Esto también puede ayudar si el lavaplatos está drenando lento, o si fluye jabonadura por el casco.

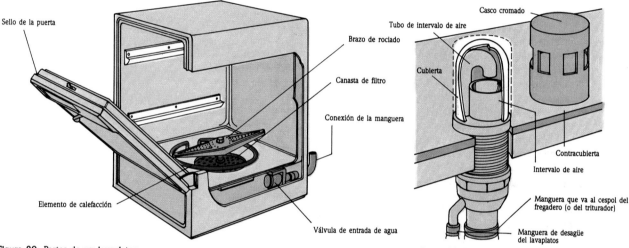

Figura 89. Partes de un lavaplatos.

Figura 90. El intervalo de aire funciona como una lazada alta en la tubería del drenaje para evitar que se trasegue el agua.

Problema	Causas	Soluciones
La lavadora de platos no desagua	Canasta del filtro tapada	Evite la acumulación de residuos, grasa, alimento del filtro en la parte inferior de la tina
	Drenaje obstruido	Abra el registro del cespol debajo del fregadero
	Intervalo de aire sucio	Limpie el intervalo de aire en el fregadero o en la contracubierta (véase arriba, "Mantenimiento del intervalo de aire")
Fugas en el lavaplatos	Conexión de la manguera desgastada	Apriete o cambie la manguera (primero corte la corriente)
	El sello de la puerta sella defectuosamente	Acomode el sello suelto; cambie el sello roto o cuarteado
El lavaplatos no detiene el llenado	Solenoide desgastado	Pida que le compongan o cambien el solenoide
	No cierra la válvula de entrada de agua	Desarme y limpie las partes de la válvula
	Surtidor de llenado bloqueado en la válvula de entrada de agua	Desarme la válvula de entrada de agua y limpie el surtidor de llenado
El lavaplatos no limpia la loza	Temperatura del agua baja	Aumente la temperatura en el calentador de agua a la escala de 150° 160° (160° es lo ideal)
	Presión baja de agua	Llame a la oficina de aguas y saneamiento
	Brazo de rociado obstruido	Revise si hay algo que tape el brazo de rociado
	Perforaciones del brazo de rociado tapadas	Limpie la formación de residuos de las perforaciones del brazo de rociado
El lavaplatos no se llena	Válvula de entrada de agua que no abre	Abra la válvula de entrada de agua en el tubo de alimentación
	Filtro de la entrada de agua bloqueado	Limpie la formación en sarro en el filtro o cambie la válvula de entrada de agua
	Solenoide gastado	Pida que le compongan o cambien el solenoide
	Baja presión de agua	Llame a la oficina de aguas y saneamiento

Las altas y bajas de la presión de agua

La mayoría de los aparatos eléctricos, válvulas e instalaciones que usan agua están diseñados para soportar de 50 a 60 psi (libras por pulgada cuadrada). Las tomas de agua la surten a presiones tan altas como de 150 psi y tan bajas como de 10 psi. Es mucho más sencillo arreglar una presión alta que una presión baja.

Poca presión

El síntoma de poca presión consiste en el chorro de agua muy escaso en todas las llaves. La presión baja crónica típicamente se encuentra en casas sobre colinas cerca del nivel de reserva o en casas viejas cuyos tubos están muy obstruidos por el óxido y el moho ocasionado por el agua dura. En muchas comunidades, durante la hora pico de servicio suele ocurrir una baja presión casi constante sin tener relación la ubicación de la casa o el estado de la plomería.

A las instalaciones alejadas de la toma de agua principal les llega el agua con menor presión que a las instalaciones cercanas. También los tubos de reducido diámetro pueden empeorar el problema de la baja presión.

Si se agregan nuevas instalaciones, puede ser necesario instalar una toma de alimentación principal mayor, desde el punto donde entra el agua a la casa hasta los diversos ramales de la red hidráulica, para conservar una presión adecuada.

Cualquiera que sea la causa de la baja presión crónica, seguramente deseará considerar hacer adaptaciones más que cambios totales. La segunda opción es muy cara o irrealizable mecánicamente; va del cambio completo de la tubería de plomería a la construcción de su propia reserva en un tanque en la azotea. Sin embargo, se pueden hacer mejoras más modestas limpiando los tubos y cambiando la tomá de alimentación principal.

Limpiar los tubos. Un sistema que muestra las primeras señales de tubos obstruidos puede recuperar algo de la pérdida de presión, si se limpia el sistema. Para hacerlo, siga los siguientes pasos:
- *Quite y limpie los aireadores* de las llaves (véase la página 19).
- *Cierre la válvula de compuerta* que controla los tubos que intenta limpiar. Puede ser una válvula de cierre en el calentador de agua, o la válvula de cierre principal (véase la página 23).
- *Abra enteramente la llave* en el punto más alejado de la válvula, y abra una segunda llave cerca de la válvula.
- *Tape la llave* cerca de la válvula con un trapo, pero no la cierre.
- *Vuelva a abrir la válvula de compuerta* y deje correr el agua con toda su fuerza a través de la llave más alejada, todo el tiempo que salga sedimento que probablemente serán sólo unos cuantos minutos. Cierre las llaves, quite el trapo, y vuelva a colocar los aireadores.

Cambiar la toma de alimentación principal. Antes de decidir el cambio de toda la tubería en la casa por la baja presión, haga la prueba cambiando la primera sección que va de la válvula de cierre principal a la casa (véanse las páginas 7 y 9). Si el tubo mide 3/4 de pulgada, cámbielo por uno de 1 pulgada. El aumentar el tamaño del tubo no incrementará la presión, pero el incremento de volumen de agua compensará la presión. Y si tiene medidor de agua, también puede pedir al servicio de aguas que le instale uno más grande.

Mucha presión

Los síntomas de mucha presión son sonidos metálicos fuertes cuando el lavaplatos cierra la entrada de agua o un chorro desenfrenado al abrir las llaves. La presión alta, por lo general, se da en casas sobre colinas empinadas con poco declive o en subdivisiones donde se mantiene la presión alta por cuestión de protección contra el fuego.

Si su casa tiene la presión de agua en exceso alta, tome precauciones previendo daños a los aparatos y posibles inundaciones.
- *Cierre la válvula principal* (véase la página 23) cuando salga de vacaciones.
- *Cierre las válvulas de los aparatos eléctricos,* en especial la lavadora de ropa y la de platos, cuando no se usen.

La presión arriba de lo normal se puede arreglar de manera fácil y económica instalando un tipo de válvula reductora de presión (véase la **figura 91**). Esta válvula puede reducir la presión en el tubo de 80 libras por pulgada cuadrada (psi) o más a una presión más lógica de 50 a 60 psi.

El método que se usa para instalar una válvula reductora de presión depende del tipo de tubo (galvanizado, de cobre o de plástico) en el sistema de plomería. Primero, arme la válvula con las conexiones necesarias de tubo para conectar la rosca de la válvula al tubo existente. A continuación, después de cerrar el suministro de agua (véase la página 23), quite un tramo de tubo de la válvula de cierre principal del lado de la casa, el largo suficiente para alojar la válvula y las conexiones ensambladas.

Instale la válvula, siguiendo las instrucciones para hacer conexiones de tubos, páginas 46-57. Cuando haya completado el trabajo, puede volver a abrir el agua. Cerciórese bien de ver si hay alguna fuga en las nuevas conexiones.

Para reducir la presión del agua, gire el tornillo de ajuste en la parte superior de la válvula en el sentido de las manecillas del reloj hasta que la presión esté lo suficiente baja para terminar con los molestos ruidos en los tubos. Vea que la válvula aún alimenta el chorro de agua necesario a las instalaciones de los pisos superiores o instalaciones fuera de la casa.

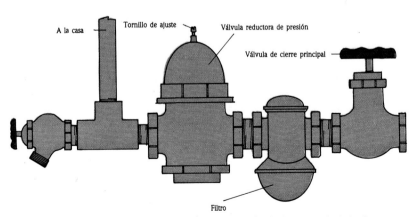

A la casa

Tornillo de ajuste

Válvula reductora de presión

Válvula de cierre principal

Filtro

Figura 91. Instale una válvula reductora de presión entre la válvula de cierre principal y la casa para disminuir la presión demasiado alta.

Tubos con fuga

Un recibo de agua más alto de lo normal puede darle la primera indicación de un tubo con escape o fuga. O puede oír el sonido de agua corriendo incluso cuando todas las instalaciones están cerradas.

Cuando sospeche que tiene una fuga, primero revise todas las instalaciones para cerciorarse de que todas las llaves estén bien cerradas. Después vaya al medidor de agua (véase la página 10), si tiene. Si el indicador se mueve, en alguna parte del sistema se está desperdiciando agua. Si no tiene medidor de agua, puede comprar un aparato que amplifica la acústica de los sonidos cuando se coloca sobre un tubo.

Cómo localizar la fuga. Esto no siempre es fácil. El sonido de agua corriendo ayuda; si lo escucha, sígalo hasta su origen.

Si hay humedad o una gotera en el techo, es probable que la fuga esté directamente arriba. Sin embargo, a veces el agua puede viajar a lo largo de una vigueta laminada y después humedecer o gotear en algún punto distante de la fuga. Si hay humedad en una pared, significa que hay una fuga en una sección vertical de la tubería. Es probable que cualquier humedad en la pared esté más abajo del sitio real de la fuga, y probablemente necesitará quitar una sección vertical completa de pared para encontrarla (véase la página 62).

Las fugas sin el sonido de agua corriendo y sin goteras o humedades como evidencia tangible, son más difíciles de encontrar. Con una linterna eléctrica comience a revisar todos los tubos abajo de la casa, en el garaje y en el primer piso. Es muy probable que encuentre ahí la fuga, ya que las fugas en otros lugares de la casa por lo general se harán manifiestas por sí mismas en forma de humedades o goteras.

Cómo componer la fuga. Si es mayor, cierre de inmediato el agua, ya sea con la válvula de cierre de la instalación o con la válvula de cierre principal (véase la página 23).

Parchar una fuga en un tubo es una tarea sencilla, si es menor. La solución más segura es cambiar el tubo, pero aquí se presentan soluciones temporales hasta que tenga tiempo para cambiarlo (véanse las páginas 47-65 donde se presentan las instrucciones sobre cómo desarmar los tubos).

Los métodos aquí presentados para parchar tubos sólo son eficaces para fugas menores.

Las prensas de fijación, si se utilizan con un pedazo de hule compacto, deben detener casi todas las fugas durante varios meses. Es bueno comprar en una ferretería una hoja de hule y algunas prensas de fijación, y tenerlos a la mano para este fin.

Una abrazadera de manguito (véase la **figura 92**) que se ajuste exactamente al diámetro del tubo da muy buenos resultados.

Coloque un pedazo de hule sobre la fuga, después atornille apretada la abrazadera sobre el pedazo de hule. Una abrazadera de manguera ajustable (véase la **figura 93**) de 16 o 12 detiene la fuga de un orificio menor en un tubo de tamaño medio, con la abrazadera de manguera use un pedazo de hule. Si no tiene nada más a la mano, use una prensa "C" (véase la **figura 94**), un pedazo chico de madera y un pedazo de hule.

Si no tiene una prensa, aún puede detener, por el momento, la fuga de un orificio reducido tapándolo con la punta de un lápiz, sólo meta la punta en el orificio y rompa la punta del lápiz. Después enrolle tres capas de cinta de aislar (véase la **figura 95**) prolónguela 7.5 cm a cada lado de la fuga. Sobreponga la mitad de la cinta a cada vuelta que dé.

El mastique epóxico (véase la **figura 96**) detendrá las fugas alrededor de las juntas donde no se pueden colocar prensas. No obstante, el tubo debe estar seco para que se adhiera el mastique. Para dejar secar el área cierre el suministro de agua a la fuga.

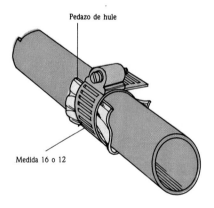

Figura 93. Abrazadera de manguera.

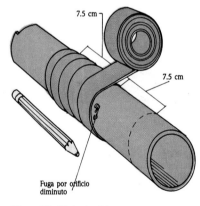

Figura 95. Cinta de aislar.

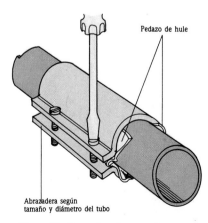

Figura 92. Abrazadera de manguito.

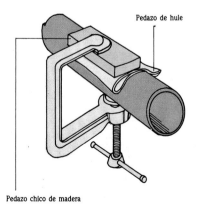

Figura 94. Prensa C.

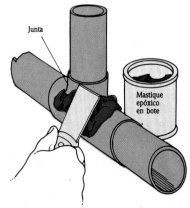

Figura 96. Mastique epóxico.

Tubos congelados

La primera señal de tubos congelados es cuando la llave ha dejado de surtir agua. Si azota una ola severa de frío, prevenga el congelamiento y la subsecuente explosión de los tubos siguiendo las sugerencias que se dan a continuación. Incluso si los tubos se congelan, si actúa con rapidez, puede evitar el hielo antes de que lleguen a reventar.

Cómo evitar que los tubos se congelen

Así es como puede evitar que se congelen los tubos:
- *Mantenga una gota de agua* escurriendo por las llaves.
- *Coloque una lámpara o calentador chico* en los tubos expuestos.

- *Envuelva los tubos sin aislante* con papel periódico, alambres de calefacción, hule espuma o cinta (véase la página 59).
- *Conserve las puertas entreabiertas* entre las habitaciones con calefacción y las que no la tienen.

Cómo deshielar los tubos congelados

Si una tubería se congela, primero cierre la toma de agua principal (véase la página 23) y abra la llave más cercana al tubo congelado para que pueda desaguarse a medida que se descongele. Impermeabilice el área con trapos viejos por si llegara a ocurrir una fuga; después utilice uno de los siguientes métodos para calentar el tubo congelado (véase la **figura 97**). Cerciórese de trabajar empezando desde la llave hacia la parte congelada.

- *Soplete de propano.* El soplete con una boquilla propagadora de flama descongelará rápidamente el tubo congelado.
  Advertencia: Nunca deje calentar demasiado el tubo ya que puede ser dañado.
- *Secadora de cabello.* Se utiliza como el soplete, una secadora descongelará poco a poco el tubo.
- *Cojín eléctrico.* Un método gradual pero eficaz, un cojín eléctrico puede envolver con calor un tramo de tubo.
- *Lámpara infrarroja.* Para tubos congelados ocultos detrás de paredes, pisos o techos, coloque una lámpara infrarroja a 20 cm separada de la pared.
- *Agua caliente.* Si no tiene a la mano otro método, envuelva el tubo (excepto los de plástico) con trapos y vierta agua hirviendo. Espere un derramamiento, es inevitable.

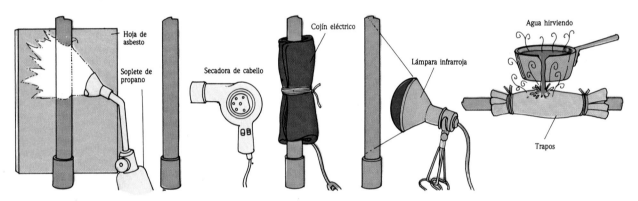

Figura 97. Diferentes técnicas para descongelar la tubería.

En invierno cierre definitivamente la plomería

Los dueños de casas quienes acostumbraban simplemente bajar el termostato en una casa desocupada durante el invierno, ahora están cerrando de manera definitiva el sistema de plomería debido al costo prohibitivo de la energía. Acondicionar la plomería para el invierno es una alternativa casi sin costo ante la tubería congelada.

Primero, cierre la válvula principal (véase la página 23) o pida al plomero que corte el servicio hacia la casa. Comience por el piso superior, abra todas las llaves, en el interior y exterior.

Cuando toda el agua haya salido de los céspoles, abra el tapón en la válvula de cierre principal (si es posible, tendrá que contactar al servicio especializado) y déjelo desaguar.

Cierre la fuente de energía del calentador de agua y abra la válvula de vaciado.

Vacíe el agua de los céspoles debajo de lavabos, tinas y regaderas abriendo los tapones de los registros o quitando los céspoles, si es necesario (véanse las páginas 24-25). Vacíe las tazas y los tanques de inodoros, después vierta una solución de 3.50 litros de anticongelante de carro y agua en cada taza de inodoro.

Por último, si la casa tiene un registro en el primer piso o un cespol de retorno con doble tapa, llénelos todos con anticongelante de carro sin diluir (véase la figura *a*)

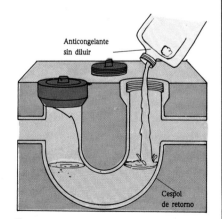

Figura *a*. Llene el cespol de retorno con doble tapa o registro en el primer piso con anticongelante.

Tubos ruidosos

Los ruidos en los tubos corren de una parte a otra en una escala "poco musical" y van de una fuerte resonancia a un rechinido agudo, a un castañeteo irritante y a un martilleo resonante. Escuche con atención los tubos; el ruido mismo le indicará qué medidas tomar para callar la plomería ruidosa.

Para llegar a los tubos, primero vea debajo de la casa. Si para llegar a un tubo ruidoso debe romper una pared o un techo, consulte la página 62.

Golpe de ariete

El ruido más común en la tubería, golpe de ariete, sucede cuando se cierra muy rápido el agua de una llave o de un aparato eléctrico. El agua que corre a través de los tubos simplemente golpea con estrépito en un retén, causando una onda de choque y el ruido del golpe de ariete.

Éste se puede minimizar o eliminar instalando cámaras de aire, piezas cortas de tubo con un extremo cerrado, donde no hay o limpiando el agua y los residuos de las cámaras existentes.

Instalación de cámaras de aire nuevas. Si el sistema de plomería de su casa se diseñó sin cámaras de aire, o si carece de alguna instalación especial, cómprelas e instálelas. Puede comprar cámaras individuales (conocidas como cámaras de aire, detenedor de golpe de ariete o amortiguador de aire) o comprar una unidad maestra para toda la casa.

Las cámaras de aire para instalaciones autónomas por lo general son tramos rectos de tubo con casquete (véase la **figura 98 a**) que se prolonga 60 cm hacia arriba en los tubos de alimentación. Las cámaras de aire en espiral (véase la **figura 98 b**) para instalaciones sueltas que se pueden instalar sin romper paredes.

Cómo renovar las cámaras de aire. La mayoría de los sistemas de agua tienen secciones cortas de tubo vertical que pasa por encima de cada llave o aparato eléctrico. Estas secciones tienen aire que amortigua el impacto cuando una válvula de cierre detiene el chorro de agua en movimiento, sube por el tubo en lugar de resonar ante una detención abrupta. Algunas veces estas secciones se llenan completamente de agua y pierden su eficacia como amortiguadores. Para restaurar las cámaras de aire, siga estos sencillos pasos:

■ *Revise el tanque del inodoro* para cerciorarse de que está lleno; después cierre la válvula de cierre del suministro justo abajo del tanque.
■ *Cierre la válvula de cierre principal* de la toma de agua de la casa (véase la página 23).
■ *Abra la llave más alta y la más baja* en la casa para desaguar toda el agua.
■ *Cierre las dos llaves;* vuelva a abrir la válvula de cierre principal y la que está debajo del tanque del inodoro. El flujo normal del agua se reestablecerá por sí mismo en cada llave cuando la abra. (Puede esperar ruidos en los tubos antes de que llegue el agua).

Otros ruidos en los tubos

La fuerte resonancia, castañeteo o rechinido en los tubos indican que en algún lugar se están desgastando o dañando.

Resonancia. Si escucha un ruido resonante cada vez que abre el agua y no es un problema de golpe de ariete, revise la manera en la que están anclados los tubos resonantes que por lo general son fáciles de arreglar. Quizá encontrará que la sección de tubo que causa la vibración está floja dentro del soporte (véase la figura 23 en la página 57).

Para eliminar por completo la resonancia, corte en tiras una pieza de manguera puede ser vieja o corte un parche de hule e insértelo como amortiguador en el gancho o abrazadera (véase la **figura 99 a**). En paredes de tabique, clave una pieza de madera con clavos a la pared, después ancle el tubo al bloque con una abrazadera para tubo (véase la **figura 99 b**). Es bueno instalar suficientes ganchos para sostener todo lo largo del tubo (véanse las páginas 47-58); si tiene muy pocos soportes, el tubo golpeará el pavimento y los travesaños o viguetas laminadas.

Tenga cuidado de no anclar demasiado apretados los tubos, en especial los de plástico. Deje espacio para que se expandan con los cambios de temperatura.

Castañeteo en una llave. Éste es el ruido que se escucha cuando se abre parcialmente una llave. Para corregir el problema, apriete o cambie la arandela de asiento en la parte inferior del vástago de la llave (véase la página 14) para evitar que el vástago vibre.

Rechinido. Los tubos que rechinan siempre son tubos de agua caliente. Conforme el tubo se expande, se mueve en el soporte, y la fricción causa el rechinido. Para silenciar los rechinidos, coloque un pedazo de hule entre el tubo y los soportes como lo haría para eliminar la resonancia.

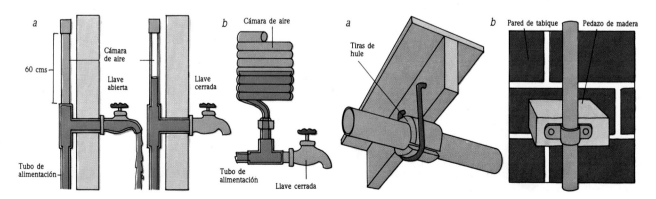

Figura 98. Dos tipos de cámara de aire: recta (a) y en espiral (b).

Figura 99. Dos maneras de detener la resonancia en los tubos: amortiguar (a) y colocar abrazaderas (b).

Cómo se hacen
las conexiones

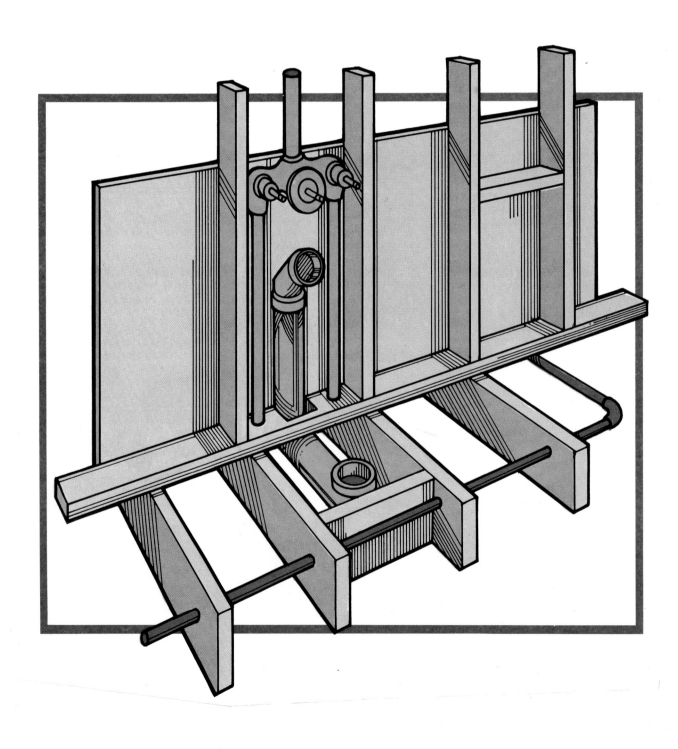

Trabajar con tubo de plástico

Pregunte a cualquier casero que haya trabajado con varios tipos de tubo, ¿qué material prefiere?, y es probable que la respuesta sea ¡plástico! (PVC). El motivo es que el tubo de plástico es ligero, barato y fácil de cortar y enlazar, lo que lo hace ideal para que usted mismo haga las instalaciones. También es autoaislante y resistente al deterioro de los químicos y a la corrosión electrolítica, cosa que no ocurre con el tubo metálico. Además, la lisa superficie interior del plástico opone menos resistencia al flujo que la del metal.

Cada vez más reglamentos de plomería están permitiendo el uso del tubo de plástico, pero antes de instalarlo verifíquelo con un experto en plomería. Su uso puede estar restringido debido a los posibles peligros para la salud, ruido y reacción al calor (algunos tipos de plástico se ablandan y cambian de forma en contacto con el agua arriba de los 140° F).

Tipos de tubo de plástico. El tubo de plástico se fabrica en tipos flexible y rígido.

Los tipos de plástico flexible son tubo PB (polibutileno), algunas veces se utiliza en sistemas hidráulicos de agua caliente y fría, y tubo PE (polietileno), algunas veces se utiliza en sistemas hidráulicos de agua fría.

El tubo de plástico rígido incluye tres variedades comunes: el CPVC (cloruro de polivinilo clorinado, se utiliza en los sistemas hidráulicos de agua caliente y algunas veces de agua fría; y en los sistemas hidráulicos de agua fría y sanitario y de ventilación (S y V); y el ABE (acrilonitrilo-butadieno-estireno), se utiliza en los sistemas S y V. Una cuarta variedad, tubo PP (polipropileno), actualmente se vende sólo para céspoles y desagües de instalaciones.

Precauciones con la presión. El tubo de plástico cubre varias presiones de servicio, ("cédula"), estampadas en el tubo; utilice el número de cédula recomendado por el experto que consulte.

Debido a que las presiones de servicio en el tubo de plástico son menores que las del tubo metálico, los tubos de plástico soportan menos los excesos de presión y los cambios bruscos en la presión del agua) en el sistema hidráulico. Para evitar problemas, instale cámaras de aire rectas o en espiral (véase la página 45) siempre que se requieran. También, cuando use tubo CPVC o PB en el sistema hidráulico de agua caliente, cambie la válvula de desahogo de temperatura y presión (véase la página 38) del calentador de agua para igualar la capacidad de temperatura y presión de estos materiales.

Cómo remover el tubo de plástico. Como el uso del tubo de plástico en interiores es de tendencia reciente, cuando penetre en la pared (véase la página 62) es probable que no encuentre tubo de plástico sino tubo de cobre (véanse las páginas 52-55) o tubo galvanizado (véanse las páginas 56-57). Si encuentra un tendido de plástico, es probable que sea del tipo rígido, el cual usa conexiones pegadas de forma permanente. Este tipo requerirá que se corte con serrucho directamente del tubo mismo.

Antes de cortar, coloque una cubeta o trapo absorbente en el lugar para recibir cualquier derrame. Utilice un cortador de tubo de plástico o un serrucho de lomo, una sierra para cortar metal o un arco con segueta con una cuchilla dentada fina (24 o 32 dientes por pulgada). Mientras corta, apuntale el tubo para evitar el exceso de movimiento que pondrá tirantes las juntas; cuando haya terminado de cortar evite dejar que se aflojen los tubos. Después de cada corte, mantenga secos los extremos cortados rellenándolos con una bola de migajón de pan comprimido (una vez que el agua corra por los tubos, el pan se disolverá).

Tubo flexible en instalación hidráulica

El tubo de plástico flexible es especialmente útil en lugares estrechos porque puede seguir cursos sinuosos sin requerir de muchas conexiones.

Los dos tipos de tubo flexible utilizados en casas para el sistema hidráulico, el PB (polibutileno) para tuberías de agua caliente y fría, y el PE (polietileno) sólo para tubería de agua fría, se venden en rollos de 7.50 m y de 30 m, o se puede cortar al largo que se necesite. A pesar de que el PB es más versátil y menos caro que el PE, puede ser difícil de encontrar.

El tubo de plástico flexible se puede cortar con una navaja afilada o un barato cortador de trinquete especial. Después utilizar uno de los diferentes tipos de conexiones para unirlo a una pieza del mismo tipo de tubo de plástico o a otro material.

Afiance el tendido horizontal del tubo de alimentación de plástico flexible entre 1.80 m y 2.40 m, el tendido vertical de 2.40 m a 3 m. En la casa donde compre el tubo le indicarán el tipo de soportes idóneos para afianzar el tubo flexible.

Si tiene que cortar el tubo de plástico flexible ya instalado, para cambiarlo o prolongarlo, el corte más regular lo puede lograr con una navaja afilada. No use un serrucho como para cortar un tubo de plástico rígido.

Advertencia: Antes de empezar a trabajar en el tubo de alimentación, cierre el suministro de agua a la casa con la válvula de cierre principal (véase la página 23). Desagüe los tubos abriendo una llave en el extremo bajo.

Las conexiones con niple tienen niples corrugados cóncavos que se ajustan en los extremos de las piezas de tubo flexible (véase la **figura 1**) y se afianzan en su lugar con abrazaderas de acero inoxidable.

Las conexiones con niple de transición cuentan con un casquillo macho en un extremo.

El tubo flexible no necesita estar cortado a escuadra antes de insertarle la conexión niple.

Si necesita hacer cambios después de que las conexiones están fijas, por lo general una vez que afloje las abrazaderas puede separar las piezas jalándolas con la mano. Si no se separan, simplemente vierta agua caliente sobre los extremos del tubo.

Conexión de niple de transición sencillo

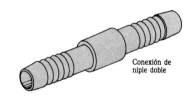

Conexión de niple doble

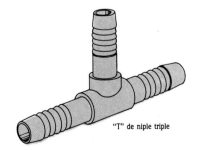

"T" de niple triple

Figura 1. Niples de conexión.

Las conexiones ensanchadas del mismo tipo que se utilizan con tubo de cobre (véase la página 53) también se pueden utilizar de plástico flexible, ya que estos tipos de tubo también se hacen de los mismos tamaños. Se utilizan como conexiones de transición, para unir plástico a cobre, o simplemente para unir tubos de plástico flexible entre sí. Puede encontrar conexiones cónicas fabricadas de plástico (menos caras que las conexiones de bronce más comunes). Las conexiones cónicas son especialmente útiles para conectar el tubo a llaves y a aparatos eléctricos.

Para hacer herméticas las conexiones ensanchadas, el tubo debe estar cortado a escuadra (con un cortador de tubo para plástico o en una caja para corte a inglete y utilizando una sierra para cortar metal, un arco con segueta para metal o un serrucho de lomo con una cuchilla dentada fina, 24 o 32 dientes por pulgada). Después de deslizar la tuerca cónica, se calienta con agua el extremo del tubo, luego se ensancha el tubo con un expansor estándar de tubo de cobre (véase la figura 15 en la página 55). Cuando el extremo ensanchado se enfríe, deslice en el tubo a unir el casquillo macho de empujón o atornille el niple terminal roscado (véase la **figura 2**); después atornille la tuerca cónica al niple. Para apretar utilice dos llaves de perico.

Las conexiones de compresión, a menudo se utilizan con tubo de cobre (véase la página 55), también se puede utilizar con tubo de plástico flexible. Úselas como conexiones de transición, para unir tubo de plástico a tubo de cobre, o simplemente para unir tubos de plástico flexible entre sí. Las conexiones de compresión (véase la **figura 3**) tienen más componentes que las conexiones ensanchadas, sin embargo son más sencillas de conectar porque el extremo del tubo de plástico flexible no necesita ensancharse. Si bien, las conexiones de compresión por lo general se fabrican de bronce, también las hay de plástico. Las conexiones de compresión son especialmente útiles para conectar el tubo a las llaves y a los aparatos eléctricos. Antes de conectar, cerciórese de cortar el extremo del tubo a 90° (con un cortador de tubo de plástico o en una caja para cortar a inglete usando una sierra para cortar metal, un arco con segueta para metal o un serrucho de lomo con una cuchilla dentada fina, 24 o 32 dientes por pulgada).

Para unir una conexión de compresión, deslice la tuerca conectora en el extremo de un tramo de tubo, de manera que el hombro más ancho de la tuerca quede más cerca del extremo. Después de la tuerca, deslice el anillo de compresión, la brida y el empaque. Con los dedos, atornille la tuerca conectora al cono roscado del niple corrugado; apriete la tuerca conectora con una llave perico ajustable y el cono roscado con una llave "Stillson".

Los conectores de un solo paso, aceta-to vaciado que contiene un anillo con una uña interna de acero inoxidable, no requieren de herramientas, abrazaderas o cemento para pegar. Simplemente se presiona el tubo dentro de la conexión hasta que se trabe en su lugar. Los conectores de un paso se parecen a las conexiones de empujón pegadas con cemento que se utilizan en el tubo de alimentación rígido (véase la **figura 4**). Son más caros que las conexiones con niple, pero menos caros que las ensancha-das y las de compresión, se venden en forma de coples, codos y tes en una amplia variedad de tamaños.

Aun cuando los conectores de un solo paso se desarrollaron para usarse con tubo de plástico flexible, funcionan igualmente bien en tubo de plástico rígido (a continuación) y en tubo de cobre de temple duro y suave (página 52). Antes de comprar, cerciórese de que los conectores cumplen con los requisitos y los reglamentos de plomería.

Tubo rígido en el sistema hidráulico

Los dos tipos de tubo de plástico rígido para instalaciones hidráulicas que se usan en interiores son PVC (sólo para agua fría) y CPVC (para agua caliente y fría). Ambos tipos son algo flexibles y pueden seguir ligeros cambios de dirección sin quebrarse.

A la venta en tramos de 3 y 6 m, el tubo rígido se puede comprar por pieza o en juegos de diez tubos. Los tamaños comunes tienen diámetros nominales de 1/2 pulgada, 3/4 de pulgada y 1 pulgada (el diámetro utilizado para acoplarlo con las conexiones, aun cuando el diámetro real puede ser diferente). En los tubos rígidos para sistema hidráulico que compre para uso interior busque el sello de aprobación de la agencia de control.

Tenga cuidado de no almacenar el tubo a la intemperie bajo el sol directo durante más de una semana, porque la acumulación de rayos ultravioleta lo puede hacer quebradizo.

Si tiene que cortar tendidos de tubo de plástico rígido de alimentación para cambiarlo o prolongarlo, use las técnicas descritas bajo "Cómo remover el tubo de plástico", página 47.

Advertencia: Antes de comenzar a trabajar en un tubo hidráulico, cierre el suministro de agua hacia la casa con la válvula de cierre principal (véase la página 23). Desagüe los tubos abriendo una llave en el extremo inferior.

Conexiones. La mayoría de las conexiones de PVC y CPVC (véase la **figura 4**) se ajustan a presión en los extremos de los tubos y se pegan en su lugar con un cemento solvente permanente. Las conexiones de transición, aquellas que le permiten unir tubo de plástico a tubo de un material diferente, a menudo tienen rosca en un extremo. Las conexiones roscadas para uniones le facilitan cambiar o prolongar el tubo hidráulico con destornillar un tramo de tubo a la mitad de un tendido. Las conexiones reductoras le permiten unir tubo de diferentes diámetros.

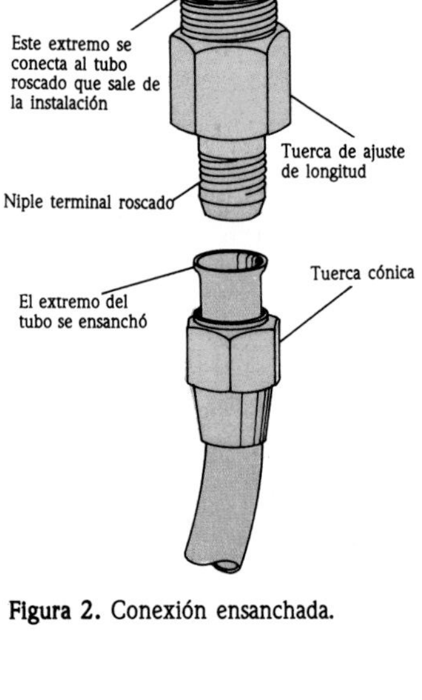

Este extremo se conecta al tubo roscado que sale de la instalación

Tuerca de ajuste de longitud

Niple terminal roscado

El extremo del tubo se ensanchó

Tuerca cónica

Figura 2. Conexión ensanchada.

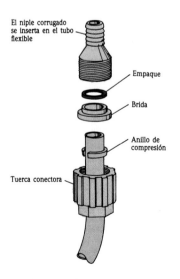

El niple corrugado se inserta en el tubo flexible

Empaque

Brida

Anillo de compresión

Tuerca conectora

Figura 3. Conexión de compresión.

Cómo medir, cortar y afianzar el tubo. Antes de cortar cualquier tubo, verifique que las medidas son exactas. Los tubos rígidos no permiten ya compensar si están demasiado largos, y nadie ha inventado un estirador de tubo para alargar tramos demasiado cortos.

Necesita determinar la distancia de frente a frente entre las conexiones nuevas, después sumar la distancia que el tubo se prolongará dentro de las conexiones (véase la **figura 5**). Si usa dos piezas cortas de tubo conectadas por una unión, no olvide contar la unión como una tercera conexión.

La distancia que el nuevo tubo se prolongará dentro de la conexión dependerá del tipo de conexiones. En conexiones de empujón, una vez que se aplica el cemento PVC a los extremos del tubo se prolongan a lo largo hasta el inicio del hombro; en conexiones roscadas, no se prolongan tanto. El tubo de plástico rígido se puede cortar con mayor facilidad con un cortador de tubo de plástico o en una caja para cortar ingletes, con una sierra para cortar metal, un arco con segueta para metal o un serrucho de lomo con una cuchilla dentada fina, 24 o 32 dientes por pulgada (véase la **figura 6**).

Una vez instalados, los tendidos horizontales de tubo de plástico rígido para alimentación se deben afianzar de cada 1.80 a 2.40 m con uno de los soportes mostrados en la figura 23, página 57. Debido al poco peso y rigidez del tubo, los tendidos verticales rara vez requieren de soportes.

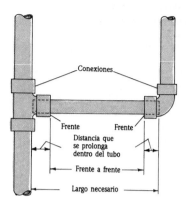

Figura 5. Para determinar el largo del tubo, sume la distancia de frente a frente a la distancia que se prolonga dentro del tubo.

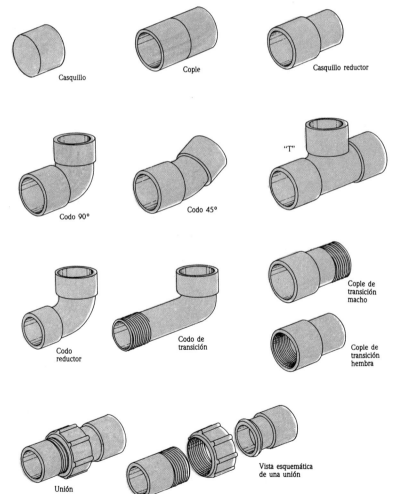

Figura 4. Conexiones de PVC y CPVC para tubo rígido para el sistema hidráulico.

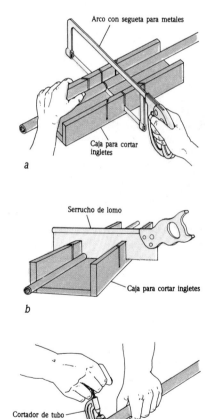

Figura 6. Para cortar a escuadra tubo de plástico, use un arco con segueta para metales y una caja para cortar a inglete (*a*), un serrucho de lomo y una caja para cortar a inglete (*b*), o un cortador de tubo (*c*).

Cómo pegar con cemento las conexiones de empujón. Primero con una navaja o pedazo de papel de lija elimine toda la rebaba del extremo cortado (véase la **figura 7a**); limpie el extremo con un trapo. Con papel de lija (o aplique imprimador fabricado para este propósito) quite el brillo de la última pulgada de la superficie exterior de los extremos cortados (véase la **figura 7b**). Dejar la superficie ligeramente áspera ayudará a que se adhiera mejor la junta.

Cerciórese de comprar el tipo correcto de cemento PVC para el tipo de plástico que esté usando. Por lo general el envase tendrá una brocha aplicadora fija en la tapa. (Si no tiene brocha, utilice un pincel suave, de 1/2 pulgada para tubo de 1/2 pulgada,

pincel de 3/4 de pulgada para tubo de 3/4 de pulgada, y así sucesivamente). Cuando esté trabajando, cerciórese de tener alejados del cemento inflamable cerillos y cigarros encendidos, y evite respirar el vapor.

Antes de aplicar el cemento al tubo y unirlo, debe saber exactamente cómo va a quedar formado el tendido terminado (el cemento se endurece muy rápido). Antes de aplicar el cemento PVC es aconsejable tener marcado de antemano el tubo y la conexión y poner en línea las dos marcas (véase la **figura 7c**). El tubo no se deslizará por completo dentro de la conexión hasta que se aplique el cemento que actúa como lubricante; ponga marcas lo suficiente largas para tomarlas en cuenta.

Aplique una capa abundante de cemento PVC sobre los últimos 2.5 cm de la superficie exterior del tubo (véase la **figura 7d**); unte una capa escasa en el interior de la conexión (véase la **figura 7e**). De inmediato una las dos piezas. Déles un cuarto de vuelta para esparcir de forma uniforme el cemento; después ponga exactamente en línea las marcas. La burbuja del exceso de cemento debe ser uniforme alrededor de todo el borde de la conexión, si no aparece burbuja o aparece desigual, la junta necesita más cemento PVC. Si aparece una burbuja muy abundante, probablemente tiene exceso de cemento PVC en la conexión; quite el excedente de cemento del borde de la conexión.

Sostenga la conexión y el tubo juntos durante un minuto. Después, si le es posible, inspeccione con su dedo dentro de la conexión para saber si quedó exceso de cemento PVC, y utilice un cuchillo para retirar cualquier sobrante. Espere por lo menos una hora antes de poner agua en el tubo, si la temperatura del aire está entre 20° y 40° F. (−6° y 4° C.), espere 2 horas; entre 0° y 20° F. (−18° y −6° C.), espere 4 horas.

Cómo unir las conexiones roscadas. De vez en cuando encontrará tubo de plástico rígido cuyos extremos pueden tener rosca exterior más común en los tramos de tubo precortado de 2.5 a 30 cm (conocidos como "niples"). Este tipo de tubo requiere de conexiones de plástico especiales con rosca interior. Para formar un sello a prueba de agua en las conexiones roscadas, antes de atornillar la conexión primero envuelva alrededor de la rosca del tubo cinta para tubo, dé una vuelta y media en el sentido de las manecillas del reloj, apriete la cinta tanto como soporte la rosca a través de la cinta. (No intente cubrir la rosca interior de la conexión.)

Tubo rígido en el sistema sanitario y de ventilación (S y V)

Para reparar o prolongar los sistemas S y V se utilizan dos tipos de tubo de plástico, el PVC (cloruro de polivinilo), y el ABE (acrilonitrilo-butadieno-estireno). La diferencia se puede ver por el color: el PVC es blancuzco, el ABE es negro. (Los céspoles para lavabo y otros conectores cortos que van a la tubería S y V, a menudo se fabrican con un tercer tipo de plástico, prolipropileno, PP, éste se identifica por su color blanco.) El PVC y el ABE son menos caros, más ligeros en peso, y más fáciles de conectar y afianzar que las

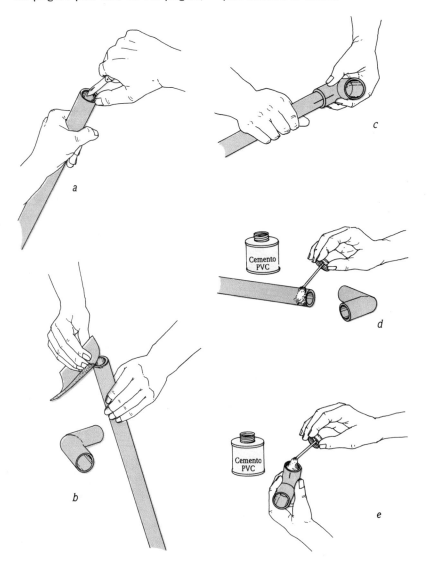

Figura 7. Para pegar con cemento las conexiones de empujón, use una navaja para eliminar rebabas (a); lije el brillo de los últimos 2.5 cm (b); coloque la conexión en el extremo del tubo y marque la colocación deseada (c); aplique el cemento PVC en el exterior del tubo (d); después aplique dentro de la conexión (e).

secciones de tubo de hierro fundido (véase la página 58). Por estas razones, el tubo de plástico es una elección común para prolongar un sistema de hierro fundido, e incluso para reemplazar un tubo de hierro fundido con fuga.

Si puede, elija tubo PVC en lugar de tubo ABE. El PVC es menos susceptible al daño mecánico y químico, no se quemará, y hay disponibles una mayor variedad de conexiones (las conexiones para el PVC y ABE no son intercambiables).

Se vende en piezas de 1.5, 3 y 6 m, el tubo sanitario de plástico para tinas, fregaderos y lavabos normalmente tiene un diámetro nominal de 1 1/2 o 2 pulgadas, para inodoros y drenajes de casa un diámetro nominal de 3 o 4 pulgadas. El tubo de ventilación puede variar de 1 1/4 a 4 pulgadas de diámetro nominal, dependiendo de cuantos tubos penetren en el techo.

El tubo S y V de plástico se debe afianzar en cada conexión o a cada 1.20 m, la distancia menor; utilice el fleje metálico que se muestra en la figura 23, página 57, o una versión enorme del soporte de alambre que se muestra en la misma figura.

Si necesita quitar una sección de tubo S y V de fierro fundido para dejar espacio para un tubo de plástico, véase la página 58. Para quitar una sección de tubo S y V de plástico, véase "Cómo remover el tubo de plástico", página 47. Mida y corte el tubo S y V de plástico de la misma manera que se mide y se corta el tubo de alimentación de plástico (véase "Cómo medir, cortar y afianzar el tubo", página 49). Una el tubo S y V de plástico de la misma manera que se une el tubo de alimentación de plástico (véase "Cómo pegar con cemento las conexiones de empujón"). Recuerde dejar 6 mm de declive descendente hacia el drenaje de la casa por cada 30 m de tendido horizontal de tubo sanitario (véanse las páginas 62-63).

Las conexiones sanitarias (también llamadas conexiones S y V) se diferencian de las conexiones hidráulicas en que no tienen hombro interior que pueda retener desperdicio (véase la **figura 8**). Para unir las conexiones sanitarias se utiliza un método diferente, dependiendo de si va a unir tubo de plástico a tubo de plástico, tubo de plástico a un tramo de hierro fundido sin campana, o tubo de plástico a la campana de un tubo de hierro fundido con campana y espita (cubo). Las conexiones para unir plástico a plástico, y plástico a tramos de hierro

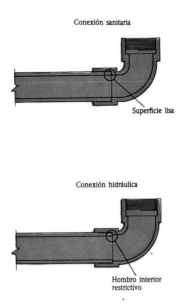

Conexión sanitaria

Superficie lisa

Conexión hidráulica

Hombro interior restrictivo

Figura 8. La conexión sanitaria no tiene hombro que obstruya el flujo parejo de las aguas negras; la conexión sanitaria tiene hombro.

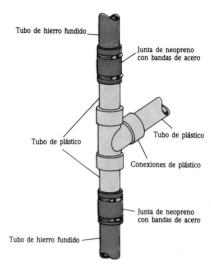

Tubo de hierro fundido

Junta de neopreno con bandas de acero

Tubo de plástico

Tubo de plástico

Conexiones de plástico

Junta de neopreno con bandas de acero

Tubo de hierro fundido

Figura 9. Para unir tubo de plástico a tubo de fierro fundido, conecte como se muestra con tramos cortos de tubo de plástico.

fundido sin campana (véase la **figura 9**) incluyen conexiones reductoras que le permiten conectar tubos de diferentes diámetros; siempre tenga cuidado de dirigir el flujo del tubo de diámetro menor al mayor.

Cómo unir tubo de plástico a tubo de plástico. Al igual que con el tubo de alimentación de plástico, para conectar el tubo con las conexiones se utiliza el cemento PVC (véase "Cómo pegar con cemento las conexiones de empujón"). Si va a añadir tubo sanitario al sistema existente, antes de añadir las piezas nuevas verifique que el tubo cortado ya instalado en la pared o sobre el piso esté firmemente afianzado. Para afianzar el tubo, utilice el fleje metálico que se muestra en la figura 23 en la página 57, o una versión enorme del soporte de alambre que se muestra en la misma figura.

Puede no haber suficiente espacio o relajamiento entre el extremo libre de la nueva conexión y el tubo ya instalado para deslizar la conexión en el tubo. En este caso, se debe cortar el tubo y hacer la conexión ya sea con separadores (fragmentos de tubo de plástico) y deslizar las conexiones (véase la página 63), o instalando una unión.

Cómo unir tubo de plástico a tubo de hierro fundido sin campana. Corte la sección a reemplazar o la nueva conexión como se explica en la página 58. Para cambiar un

tendido de hierro fundido deteriorado por tubo de plástico, corte el tubo de plástico al largo exacto de la abertura, coloque el nuevo tendido en posición (puede necesitar ayuda) y, si los reglamentos lo permiten, haga las conexiones con juntas de neopreno y bandas de acero inoxidable (véase "Cómo unir tubo de hierro fundido", página 58).

Para prolongar con tubo de plástico nuevo un sistema de fierro fundido, puede elegir entre varios métodos. Puede agregar una te sanitaria sin campana con juntas y bandas (figura 32*a*, página 63) y prolongar el tubo de plástico desde ese punto; o, si los reglamentos lo permiten, puede instalar una te sanitaria de plástico con separadores (fragmentos de tubo de plástico), juntas y bandas (véase la **figura 9**).

Cómo unir tubo de plástico a la campana de un tubo de fierro fundido con campana y espita. Para remover un tramo de tubo de hierro fundido de una campana, corte una parte del tubo de hierro fundido (véase la página 58), dejando un pedazo corto en la campana. Retire el tramo corto de la campana trabajando de atrás hacia adelante mientras calienta la junta con un soplete para fundir la soldadura de plomo. Para unir el tubo de plástico a la campana, rellene la junta con estopa y después golpee en frío la lana para hacer la junta a prueba de agua, o rellene con un sustituto de estopa un mastique plástico y rellene la junta con una espátula.

Trabajar con tubo de cobre

El tubo de cobre, es ligero, bastante fácil de unir (soldarlo o con conexiones ensanchadas, de compresión o de unión), altamente resistente a la corrosión y fuerte. Su lisa superficie interior reduce la resistencia al flujo de agua y a las diminutas partículas que ocasionalmente pueden resbalar en los tubos.

En los sistemas hidráulicos se utilizan dos tipos de tubo de cobre: temple duro o suave, para llevar el agua potable. En los sistemas sanitario y de ventilación (S y V) se utiliza otro tipo, con mayor diámetro, para llevar el·agua usada, desechos y aire nocivo. Para unir tubo de temple duro o suave a las instalaciones se utiliza como tubería flexible aún a otro tipo de tubo de cobre, sin embargo, en ocasiones este tipo de tubo es difícil de encontrar.

■ **El tubo de temple duro para instalación hidráulica** se vende en piezas de 6.10 m o menos de longitud. Debido a que no se puede doblar sin plegar, se debe cortar y unir con conexiones cada vez que se hace un cambio de dirección. Viene en tres gruesos: tipo K (pared gruesa), tipo L (pared media) y tipo M (pared delgada); el tipo M por lo general es el apropiado para los tendidos sobre el piso. Los diámetros nominales van de ¼ de pulgada a 1 pulgada; los diámetros reales pueden ser mayores.

■ **El tubo de temple suave para instalaciones hidráulicas** se obtiene en rollos de 15 m de longitud. Más caro que el tubo de temple duro para instalación hidráulica, pero ofrece una gran ventaja: se puede doblar en derredor de curvas sin plegarse, y por lo tanto no se tiene que utilizar conexiones. Se vende en dos gruesos: tipo K (pared gruesa) y tipo L (pared media). El tipo L suele ser el apropiado para los tendidos sobre el piso. Los diámetros nominales van de ¼ de pulgada a 1 pulgada; los diámetros reales pueden ser ligeramente mayores.

■ **El tubo sanitario de cobre** por lo general se vende en piezas de 6.60 m de longitud y en diámetros nominales de 1½ pulgada y 2 pulgadas (el tubo sanitario de cobre con diámetros nominales mayores a 2 pulgadas es demasiado caro para encontrarlo en muchos lugares.

■ **El tubo flexible** de cobre corrugado, de cobre sin tratar o cobre cromado viene en tramos cortos para unir el tubo de alimentación a las instalaciones. Se puede amoldar a curvas cerradas más que el tubo de cobre de temple suave, el tubo flexible tiene un diámetro nominal de ³/8 de pulgada o ¹/2 pulgada. A menudo se obtiene en forma de juego de piezas; siga las instrucciones del fabricante. En algunos diseños, se desliza la tuerca especial que se incluye en la instalación, en el extremo del fragmento de tubo que sale de la instalación; después se coloca la conexión ensanchada y la arandela de hule unida al tubo contra el extremo del tubo que sale de la instalación. La junta se sella apretando la tuerca con una llave perico.

Cómo remover, medir y cortar el tubo

Para cambiar un tubo de cobre con fuga, o para prolongar los tubos de alimentación se necesitará aprender algunas técnicas básicas.

Dichas técnicas para remover, medir y cortar tubo de cobre se aplican igualmente a tubo de alimentación de temple duro y suave. El tubo sanitario y de ventilación (S y V) se mide y se corta de la misma forma pero, por lo general, antes de quitarlo se necesita afianzar como el tubo S y V de hierro fundido (véase "Conexiones sanitarias y de ventilación", página 63).

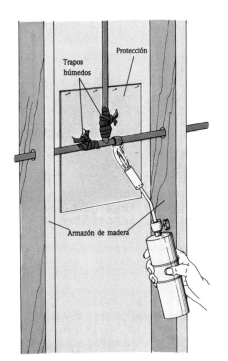

Figura 10. Desacople las juntas soldadas con un soplete, si la posición del tubo permite jalarlo para liberar los extremos.

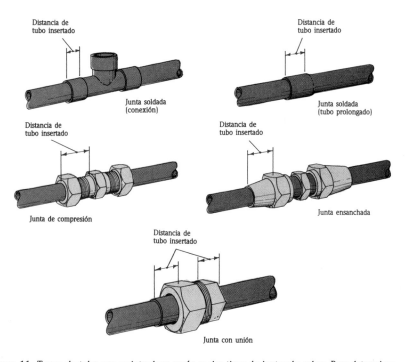

Figura 11. Tramo de tubo que se introduce según varios tipos de juntas de cobre. Para determinar el largo del tubo cerciórese de sumar el tramo de tubo que se introduce en la conexión a la distancia total entre las conexiones nuevas.

Advertencia: Antes de comenzar a trabajar en el tubo de alimentación, cierre el suministro de agua a la casa con la válvula de cierre principal (véase la página 23). Desagüe los tubos abriendo una llave en el extremo inferior.

Cómo quitar el tubo de cobre. Verifique que el tendido de tubos esté afianzado, tanto para evitar el exceso de movimiento que pondría tirantes las juntas como para evitar que los extremos cortados se aflojen. A menudo es posible obtener el suficiente soporte fijando tramos de fleje metálico (como el que se muestra en la figura 23 en la página 57) alrededor de la circunferencia del tubo a cada 90 cm, después poner el fleje tirante y atornillarlo cerca de viguetas o travesaños.

La manera más rápida de desacoplar un tendido de tubo de cobre soldado es hacer un corte recto a través del tubo con una sierra para metales dentada fina (24 o 32 dientes por pulgada). Sin embargo si el tubo está colocado en una posición donde los extremos se puedan jalar para liberarlos una vez que se disuelva la junta de soldadura, puede fundir la soldadura con un soplete de butano o propano (el tubo de temple suave por lo general es fácil de liberar jalando). Antes de usar el soplete, cerciórese de proteger el material inflamable con un pedazo de metal y enrollar trapos húmedos alrededor de las juntas que desea dejar intactas (véase la **figura 10**). En ángulos rectos perfectos, soldar puede ser difícil.

Las conexiones de compresión y ensanchadas, al igual que las uniones, se desacoplan destornillándolas.

Cómo medir la distancia para el tubo de cobre. Para determinar cuánto tubo de cobre nuevo necesita, mida la distancia entre las nuevas conexiones, después sume la distancia que se prolongará el tubo dentro de la conexión. El tramo que entra en el tubo varía según los tipos de juntas (véase la **figura 11**).

Cómo cortar el tubo de cobre. Propóngase cortar los tramos de tubo de cobre nuevo con un cortador de tubo (véase la figura 6 en la página 49) el cual tiene una cuchilla diseñada para cortar tubo de cobre. Para utilizar el cortador, gire la perilla hasta que la rueda cortadora empiece a traspasar la superficie de cobre. Rote el cortador alrededor del tubo, apretando después de cada revolución, hasta que el tubo se divida en dos.

También puede cortar el tubo de cobre con una sierra o arco con segueta para cortar metal dentada fina (24 o 32 dientes por pulgada), pero es más difícil hacer un corte recto con una sierra que con un cortador de tubo.

Después de cortar el tubo, elimine la rebaba interior con una lima de media caña o con el ensanchador retractable que a veces traen los cortadores de tubo. Lime o lije la rebaba exterior.

Cómo unir y afianzar el tubo de cobre

No importa que el tubo sea de temple "duro" o "suave", todo el cobre es siempre un metal blando, por lo tanto mientras trabaja deberá ser cuidadoso para no dañarlo. Con cinta para aislar cubra las prensas de tornillo que tienen dientes y las tenazas de las llaves de tuerca.

Los diferentes métodos para unir los tubos requieren de diferentes conexiones (véase la **figura 12**). La mejor forma de unir el tubo de cobre (tanto de temple duro como suave), es soldarlo, usando la conexión necesaria o prolongando la junta, pero algunas veces es difícil soldarlo en ángulo recto perfecto. El tubo de alimentación de temple duro se puede unir con conexiones de compresión, el tubo de alimentación de temple suave con conexiones de compresión o ensanchadas. La suavidad del cobre impide que se rosque con buenos resultados.

Si piensa que necesitará quitar con regularidad un tendido de cobre, por ejemplo para cambiar una válvula de compuerta, (véase la página 22), deseará conectar dos tramos cortos de tubo de cobre con una unión (la información acerca de las juntas de unión está en la página 55).

Las conexiones reductoras le permiten unir tubo de diferentes diámetros; las conexiones de transición le permiten unir tubo de cobre a tubo de plástico o galvanizado. (Sin embargo, si une tubo de cobre a tubo galvanizado debe usar conexiones especiales llamadas conexiones dieléctricas, para evitar la corrosión electrolítica. (Véase la figura 19 en la página 56.)

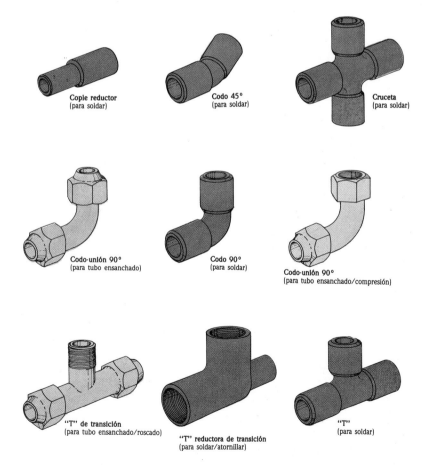

Figura 12. Conexiones de cobre. Las "T"'s de transición vienen roscadas para conectar tubo de cobre a tubo galvanizado.

Juntas soldadas. A menudo llamadas juntas "sudadas", se pueden hacer con conexiones de cobre con interiores lisos, o expandiendo un extremo de tubo de temple suave para recibir otro, proceso conocido como forjar (véase la **figura 13**).

Para forjar tubo de cobre, deslice la herramienta forjadora por uno de los extremos del tubo; después, con un martillo de punta y bola (mostrado en la figura 13) o un martillo con cabeza de acero suave, golpee la herramienta para que entre en el tubo hasta el punto donde la cabeza de la herramienta llegue a su diámetro mayor (donde termina la parte abocinada hacia afuera).

Nota: Por motivos de simplificación en la siguiente sección, se utiliza el término "conexión" al referirse indistintamente a una conexión real en un tramo de tubo de cobre de temple duro o suave y al extremo ensanchado de tubo de cobre de temple suave forjado.

Para soldar una junta, se requiere un soplete chico de butano o propano, un poco de estopa de acero 00, lija de papel fino o tela de esmeril, una lata de fundente para soldar, y un poco de soldadura en alambre sólido. *Advertencia:* Para hacer las juntas para cualquier sistema hidráulico de agua potable sólo utilice soldadura que indique que no contiene plomo.

Si hay agua en los tubos, ésta dificultará la soldadura bien hecha. Seque los tubos tanto como sea posible cerrando el suministro de agua con la válvula de cierre principal (véase la página 23), para abrir luego una llave en el extremo bajo de los tubos. Rellene los extremos del tubo con migajón de pan blanco para que absorba cualquier humedad restante. El pan se desintegrará una vez que circule el agua.

Utilice estopa de acero, papel de lija o tela de esmeril para lijar hasta que brillen los últimos 2.5 cm del extremo exterior del tubo y el extremo interior de la conexión hacia abajo hasta el hombro (véase la **figura 14a**). Con un pincel duro, chico, aplique el fundente en derredor del lijado interior de la conexión y en el exterior del extremo del tubo (véase la **figura 14b**).

Coloque la conexión en el extremo del tubo. Gire el tubo o la conexión de un lado a otro una o dos veces para distribuir de manera uniforme el fundente. Coloque luego, en el lugar correcto la conexión y caliéntela con un soplete, moviendo la flama de un lado a otro a través de la conexión para distribuir el calor uniformemente (véase la **figura 14c**). Es importante no calentar demasiado la conexión ya que el fundente podría quemarse, simplemente se esfumará si se sobrecalienta. Pruebe el nivel de calor de la siguiente manera: la junta estará lo suficientemente caliente cuando la soldadura se funda al contacto con la junta. Mientras esté calentando de vez en cuando toque la

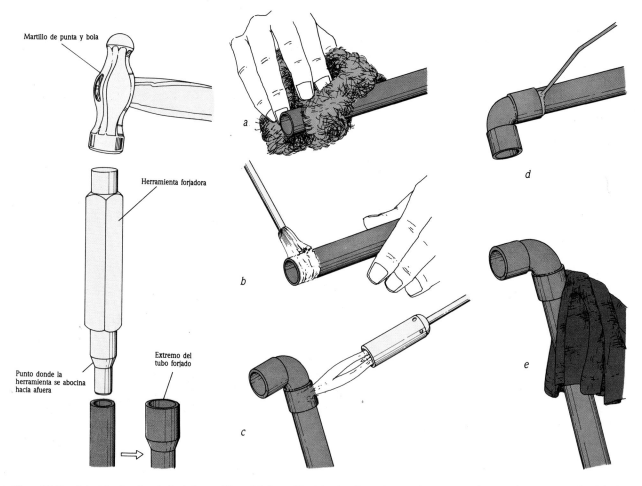

Martillo de punta y bola

Herramienta forjadora

Punto donde la herramienta se abocina hacia afuera

Extremo del tubo forjado

a

b

c

d

e

Figura 13. Para forjar tubo de cobre, deslice la herramienta forjadora en uno de los extremos, después golpéela con un martillo hasta el punto donde termina la parte abocinada de la herramienta.

Figura 14. Para soldar tubo de cobre, primero pula con estopa de acero el extremo exterior del tubo (*a*); aplique el fundente (*b*); coloque la conexión en el extremo del tubo y caliente (*c*); toque el borde de la conexión con la soldadura (*d*); con un trapo, limpie el exceso de soldadura (*e*).

junta con el alambre de soldadura. En el momento que el alambre se funda, la junta estará lista.

Aleje el soplete y toque con la soldadura el borde de la conexión; la acción conducirá la soldadura entre la conexión y el tubo (véase la **figura 14d**). Siga soldando hasta que se vea una línea continua de soldadura fundida en derredor de toda la conexión. Con un trapo húmedo, limpie el exceso de soldadura antes de que se solidifique y sólo deje presente un vestigio de soldadura en el espacio entre la conexión y el tubo (véase la **figura 14e**). Mantenga sus manos bien alejadas de la junta, el tubo se calienta bastante a una distancia de treinta a sesenta centímetros de la junta. Tenga cuidado de no golpear o mover la junta recién soldada.

Juntas ensanchadas. La junta ensanchada sólo se hace en tubo de cobre de temple suave. Como tiende a debilitar el extremo del tubo, haga una junta ensanchada sólo si no puede soldar y si no encuentra la conexión de compresión correcta.

Para hacer una junta ensanchada, deslice la tuerca cónica en el extremo del tubo, con el extremo ahusado hacia abajo del extremo del tubo (véase la **figura 15a**). Afiance el extremo del tubo en su ensanchador y atornille el martinete sobre el extremo del tubo (véase la **figura 15b**). Extraiga el tubo del ensanchador de tubo. Presione el extremo ahusado del cuerpo del niple de unión en el extremo ensanchado del tubo, y atornille la tuerca al cuerpo del niple de unión (véase la **figura 15c**). Utilice dos pericos para apretar, uno en cada sentido.

Juntas de compresión. La ventaja de utilizar conexiones de compresión en lugar de conexiones ensanchadas para hacer juntas sin soldar es que las conexiones de compresión funcionan igualmente bien en tubo de cobre de temple duro y suave. Otra ventaja más es que, a diferencia de las conexiones ensanchadas, las conexiones de compresión no requieren de una herramienta especial para conectarlas.

Para instalar una conexión de compresión, deslice la tuerca de compresión en el extremo del tubo, con el hombro ancho hacia abajo del extremo. Después introduzca el anillo de compresión (véase la **figura 16**). Empuje el cuerpo roscado de la conexión contra el extremo del tubo, y atornille la tuerca al cuerpo de la conexión. Apriete la tuerca con dos pericos, coloque uno en la tuerca

y el otro en el cuerpo de la conexión. Así se comprime ajustado el anillo en el extremo del tubo, realizando un sello a prueba de agua. Una vez comprimido, el anillo ya no se puede quitar.

Juntas de unión. Al igual que las conexiones de compresión, las uniones se componen de tres elementos. A diferencia de las conexiones de compresión, los tres elementos de las juntas de unión le permiten instalar o quitar una unión sin tener que girar el tubo mismo. Esto hace a una unión especialmente fácil de quitar. Las uniones conectan sólo tubos del mismo diámetro y se consiguen sólo como coples rectos.

Para ensamblar una unión suelde el hombro macho en un tramo de tubo, después deslice la tuerca en el segundo tramo.

Suelde el hombro hembra en el extremo del segundo tramo de tubo. Junte los hombros macho y hembra, después deslice la tuerca sobre el hombro hembra, y atornille la tuerca al hombro macho (véase la **figura 17**). Para apretar use dos pericos, uno para sostener el tubo, y el otro para girar la tuerca.

Cómo afianzar el tubo. Una vez que los tramos de tubo estén conectados, afiance el tendido de cada 1.80 m a 2.40 m de distancia con uno de los soportes que se muestran en la figura 23 en la página 57. Cerciórese de haber aislado el tubo del soporte para que no provoque electrólisis; esto se hace enrollando el tubo con cinta de aislar donde el soporte esté en contacto con el tubo.

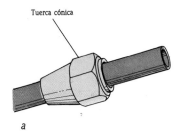

a

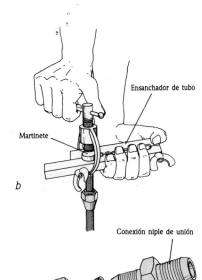

b

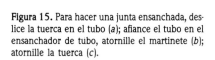

c

Figura 15. Para hacer una junta ensanchada, deslice la tuerca en el tubo (a); afiance el tubo en el ensanchador de tubo, atornille el martinete (b); atornille la tuerca (c).

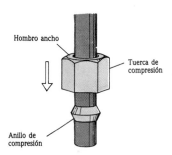

Figura 16. Para hacer una junta de compresión, deslice la tuerca en el tubo y deslice el anillo. Atornille la tuerca al cuerpo roscado; apriete.

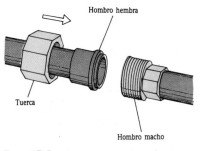

Figura 17. Para hacer una junta de unión, deslice la tuerca en el tubo y junte los hombros en los tubos soldándolos. Conecte los tubos con la tuerca.

Trabajar con tubo galvanizado

Si su casa tiene más de 20 años de construida, es probable que tenga tubo galvanizado en el sistema hidráulico; incluso puede tener tubo galvanizado en el sistema sanitario y de ventilación, aunque es más común encontrar tubo S y V de hierro fundido (véase la página 58).

El término "galvanizado" implica que el tubo y las conexiones de hierro están recubiertas de cinc para resistir la corrosión. A pesar de esto, el tubo galvanizado no sólo se corroe más rápido que el tubo de hierro fundido o el de cobre, sino que también debido a su superficie interior áspera, acumula depósitos minerales que pueden dificultar el flujo del agua.

El procedimiento común es cambiar un tramo de tubo galvanizado que tenga fuga, por el mismo tipo de tubo. Hacerlo requiere menos equipo y menor gasto que usar tubo de cobre o hierro fundido, y a diferencia del tubo de plástico, el tubo galvanizado siempre se apega a los reglamentos de construcción locales.

Sin embargo si quiere prolongar un sistema hidráulico de tubo galvanizado, use tubo de cobre (véanse las páginas 52-55), o, si el reglamento local lo permite, tubo de plástico (véanse las páginas 47-51).

Puede comprar tubo galvanizado de diámetros nominales: $1/4$ y $2^1/2$ pulgadas y en piezas de 3 y 6.30 m de longitud, o cortado según sus especificaciones. La mayoría de los minoristas también venden piezas cortas de tubo, llamadas niples, desde 12 mm hasta 37 mm e inclusive 15 cm de longitud, y después en largos de 2.5 cm hasta 30 cm, y en diámetros que corresponden a los tubos.

Roscar. El tubo galvanizado se une a las conexiones por medio de roscas. El tubo galvanizado se vende con rosca en ambos extremos. Cuando le corten el tubo en la tienda, ahí mismo le pueden hacer la rosca en el extremo cortado o mándelo hacer en un taller (véase la siguiente página).

Utilizar conexiones. Hay a la venta una amplia variedad de conexiones (véase la **figura 18**) para conectar un tubo galvanizado a otro tubo galvanizado, y tubo galvanizado a tubo de cobre o plástico. Si corta un tubo galvanizado, tendrá que volver a conectar los extremos con una unión, conexión especial que le permita conectar dos tubos roscados sin tener que girarlos. Si planea añadir tubo de cobre al tubo galvanizado, utilice el cople llamado unión dieléctrica (véase la **figura 19**). Este cople tiene una arandela aislante y un casquillo aislante para evitar que ocurra electrólisis entre las porciones galvanizadas y de cobre de la conexión.

Cómo usar las llaves "Stillson". Trabajar con tubo galvanizado requiere del uso simultáneo de dos llaves "Stillson". Si está quitando tubo cortado, utilice una llave para asir la conexión, y la otra llave para asir el tubo en la conexión. Gire sólo una de las llaves. Una conexión siempre se atornilla en el sentido de las manecillas del reloj y se destornilla en el sentido contrario. Cerciórese de ejercer fuerza *hacia,* en lugar de contra, las tenazas de la llave (véase la **figura 20**).

Es importante elegir llaves del tamaño apropiado. Desarmar tubo viejo requiere de la llave más grande que pueda encontrar. Ensamblar tubo requiere de una llave de 30 a 35 cm para tubo de $1/2$ pulgada a 1 pulgada, una llave de 45 cm para tubo de $1^1/2$ a $1^1/2$ pulgadas. Evite las llaves con dientes suaves o desafilados; pueden causarle relajamiento muscular.

Cómo quitar, medir y cortar el tubo.

A pesar de que todo el tubo galvanizado se mide y se corta de la misma manera, sí hay diferencia para quitarlo. En la siguiente página se explica como quitar el tubo galvanizado en el sistema hidráulico. El tubo galvanizado en el sistema sanitario y de ventilación (S y V) se extrae de la misma manera

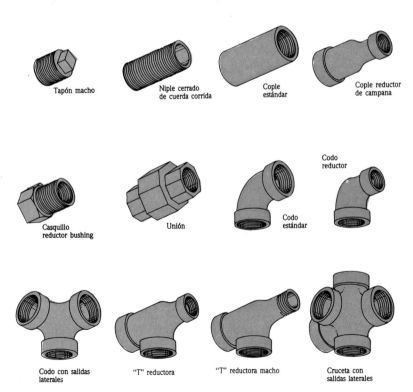

Figura 19. Unión dieléctrica.

Figura 18. Conexiones para tubo galvanizado.

Figura 20. Use dos llaves simultáneamente.

que el tubo de hierro fundido (véase la **página 58**).

Advertencia: Antes de comenzar a trabajar en el tubo de alimentación, cierre el suministro de agua hacia la casa con la válvula de cierre principal (véase la página 23). Desagüe los tubos abriendo una llave en el extremo bajo.

Cómo quitar el tubo galvanizado (sólo del sistema hidráulico). Si en el tendido no hay una unión, tendrá que cortar el tubo en dos, porque destornillar el tubo por un extremo antes de cortarlo equivaldría a apretarlo en el otro extremo. Sostenga el tendido con firmeza con la mano o con una llave para ayudar a detener el exceso de movimiento que pondría tirantes las juntas, y para evitar que los extremos cortados se aflojen. Utilice una sierra para metal con los dientes gruesos (18 dientes por pulgada) y coloque una cubeta abajo del corte para recibir cualquier derrame de agua.

Con dos llaves como se explica en la página anterior en Cómo usar las llaves "Stillson", destornille una sección del tubo cortado y después la otra. Si se le dificulta destornillar, aplique una dosis generosa de aceite penetrante en las juntas; deje reposar el aceite 5 minutos para que penetre en la rosca antes de empezar a destornillar.

Cómo medir el tubo galvanizado. Para calcular cuánto tubo galvanizado nuevo necesita, mida la distancia entre las conexiones nuevas, después sume la distancia que se extenderá el tubo dentro de las conexiones (véase la **figura 21**). La distancia asignada a cada conexión es de $^1/_2$ pulgada para tubo de $^1/_2$ pulgada y $^3/_4$ de pulgada y $^5/_8$ de pulgada para tubo de 1 pulgada y $1^1/_4$ pulgadas.

Cómo cortar el tubo galvanizado. Es importante cortar el tubo galvanizado perfectamente a escuadra para poder hacer una rosca perfecta en los nuevos extremos. Con un cortador de tubo con una cuchilla diseñada para tubo galvanizado, siga las instrucciones para cortar tubo de cobre en la página 53. Después de haber terminado de cortar, utilice una navaja o el ensanchador retractable en el mango del cortador para eliminar la rebaba del interior del tubo, y una lima de la superficie exterior.

Cómo roscar tubo galvanizado

Para hacer en casa la rosca al tubo necesitará rentar dos piezas de equipo: una prensa para tubo que sostenga firmemente el tubo (a no ser que tenga una prensa de mesa con tenazas especiales para tubo), y una terraja con una cabeza del mismo diámetro nominal del tubo. La cabeza de la terraja (o dado) se coloca en el mango de la terraja y se desliza al extremo del tubo.

Para hacer la rosca al tubo (véase la **figura 22**), ejerza fuerza hacia el cuerpo del tubo mientras gira el mango en el sentido de las manecillas del reloj. Cuando la cabeza de la terraja penetre en el metal, deje de empujar y simplemente continúe girando en el sentido de las manecillas del reloj. A medida que gira la terraja aplique cantidades generosas de aceite para corte. Si la terraja se pega, es probable que tenga atoradas algunas astillas; regrese ligeramente la herramienta y sople las posibles astillas.

Continúe haciendo la rosca hasta que el tubo se prolongue alrededor de una cuerda más allá del extremo de la cabeza de la terraja. Retire la terraja del tubo y limpie la rosca recién hecha con un cepillo de alambre duro.

Cómo unir el tubo galvanizado

La rosca del tubo galvanizado se debe cubrir con lubricante o cinta de fluorocarburo (para enrollar tubo) para sellar la rosca contra el moho y para facilitar más el armado y desarmado del tubo. Aplique el lubricante con el pincel adherido a la tapa del envase; utilice sólo lo suficiente para cubrir la rosca. Si en lugar utiliza cinta de fluorocarburo, enrolle una vuelta y media en el sentido de las manecillas del reloj en rededor de la rosca, apretando la cinta lo suficiente para que se vea la rosca. *No* intente cubrir con lubricante o cinta la rosca interior de la conexión.

Atornille el tubo y la conexión con las manos tanto como pueda. Hágalo lentamente, ya que al hacerlo demasiado rápido, se puede crear calor que cause expansión del tubo más tarde y el tubo se pueda contraer y aflojarse la junta.

Después de haber apretado a mano el tubo y la conexión, hágalo, para terminar con dos llaves "Stillson" como se explicó antes en Cómo usar las llaves "Stillson".

Afiance los tendidos horizontales de tubo nuevo de cada 1.80 a 2.40 m, los tendidos verticales de cada 2.40 a 3 m; escoja los soportes de entre los mostrados en la **figura 23**.

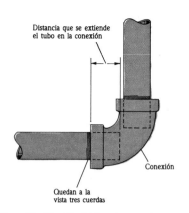

Figura 21. Atornille el tubo a las conexiones; tres cuerdas quedarán visibles.

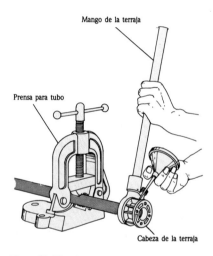

Figura 22. Haga la rosca al tubo galvanizado con una prensa especial y una terraja.

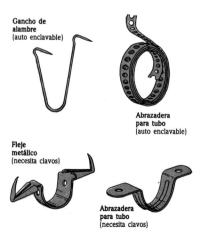

Figura 23. Soportes para tendidos de tubo galvanizado.

Trabajar con tubo de hierro fundido

Es muy probable que el tubo del sistema sanitario y de ventilación (S y V) en su casa sea de hierro fundido. Sus conexiones caen en una de dos categorías: al tipo más antiguo se le llama de "cubo" o al de "campana y espita"; al tipo más nuevo se le llama de "extremo liso" o "sin campana". Ambos tipos de conexiones (véase la **figura 24**) se difieren de las conexiones para el sistema hidráulico en que no tienen hombro interior que pueda obstruir el flujo del desecho (véase la figura 8 en la página 51).

El tubo de hierro fundido es fuerte, resiste la corrosión y es lo suficientemente pesado para no castañetear cuando el desecho corre por dentro. Como el peso del tubo de hierro fundido lo hace difícil de manejar, cuando repare o prolongue el tendido de hierro fundido deseará sustituirlo por tubo de plástico (véase la página 50), si lo permite el reglamento de construcción en su área. De no ser así, planee usar tubo de extremos lisos para hacer reparaciones y extensiones: añadirlo a un tendido ya sea con campana o con extremos lisos es mucho más sencillo que el procedimiento de estopa y soldadura de plomo necesario para trabajar con conexiones con campana.

Al igual que el tubo de plástico para el sistema S y V, el tubo de hierro fundido para el sistema S y V más a menudo se vende en tramos de 1.50, 3 y 6 m de longitud, y en diámetros nominales de $1^{1}/2$, 2, 3 y 4 pulgadas, si bien algunas veces los hay en diámetros mayores.

Cómo remover el tubo de hierro fundido

Como el tubo de hierro fundido es tan pesado, cerciórese de que esté firmemente afianzado arriba y abajo, o a cada lado, de la sección que necesita cortar (véase la **figura 32a** en la página 63). Algunas veces es posible obtener el suficiente sostén colocando piezas de fleje metálico (véase la figura 23 en la página 57) en derredor del perímetro del tubo a cada 60 cm, después ajustar el fleje y clavarlo cerca de las viguetas o travesaños.

Un cortador de tubo sanitario (S y V) (véase la **figura 25**), ayuda a hacer rápido el trabajo de quitar un tramo de tubo de hierro fundido. Apretar la perilla incrementa la presión en las ruedas cortadoras. Mover el mango del trinquete de un lado a otro en ángulo recto con respecto al tubo permite que las ruedas penetren en el metal, partiéndolo en dos.

Cómo medir y cortar el tubo de hierro fundido nuevo

Para calcular cuánto tubo de extremo liso nuevo necesita, simplemente mida entre los extremos cortados donde se suprimió una sección de tubo.

Para cortar un tramo de tubo nuevo, utilice un cortador de tubo sanitario (véase la **figura 25**) o una sierra para cortar metal y un "cortafierro". Utilizar el segundo significa marcar con gis una línea de corte alrededor del tubo, después con la sierra hacerle una incisión con una profundidad de 15 mm. Posteriormente profundizar el corte con un martillo de cabeza de acero suave y un formón, golpeando en derredor del tubo hasta que se parta en dos.

Cómo unir tubo de hierro fundido

Para conectar una conexión de extremos lisos, o un tramo de tubo de extremos lisos, a tubo de hierro fundido ya instalado, deslice una junta de neopreno (a menudo llamada abrazadera de ayuda) en el extremo del tubo o conexión nuevo (véase la **figura 26a**). Una los extremos, deslice la junta en la unión, y coloque la abrazadera sobre la junta (véase la **figura 26b**). Apriete la abrazadera con un destornillador o llave hexagonal, según sea necesario (véase la **figura 26c**).

Afiance un nuevo tendido horizontal de tubo en cada conexión y a cada 1.50 m, un tendido vertical a cada 1.50 m. Utilice fleje metálico como el que se muestra en la figura 23, página 57.

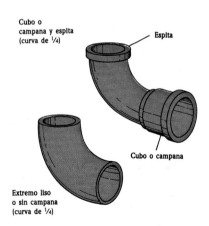

Figura 24. Dos tipos de conexiones de hierro fundido.

Cubo o campana y espita (curva de ¼)

Espita

Cubo o campana

Extremo liso o sin campana (curva de ¼)

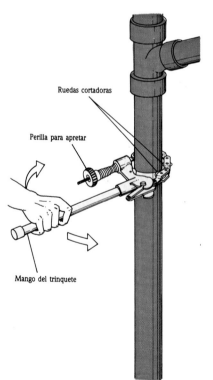

Ruedas cortadoras

Perilla para apretar

Mango del trinquete

Figura 25. Cortador de tubo sanitario (S y V).

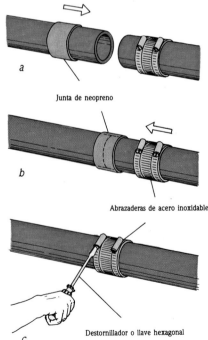

a

Junta de neopreno

b

Abrazaderas de acero inoxidable

c

Destornillador o llave hexagonal

Figura 26. Para unir un tramo de tubo de extremos lisos, deslice la junta y la abrazadera (a); sobreponga (b); apriete (c).

Consejos para la conservación de la energía

Como en las temporadas de sequía nos han enseñado a ahorrar el agua (véase los consejos en las páginas 80-81), los elevados costos de los servicios públicos y la reducción de los recursos de combustible nos han inducido al uso racional de la energía.

Aislante para tubos de agua caliente

Para aminorar la pérdida de calor del sistema de agua caliente, aísle todos los tubos de agua caliente, en especial aquellos que pasan a través de áreas sin calefacción o expuestas a corrientes de aire. Hay varios tipos de aislantes para tubo que se pueden utilizar (véase la **figura a**); entre los más comunes están los forros de espuma de polietileno que se colocan en derredor de muchos de los tubos estándar y se afianzan con cinta. Otro tipo de aislante es la cinta de hule autoadherible con papel aluminio en el reverso, con el que se envuelve en espiral el tubo.

Cómo hacer más eficiente al calentador de agua

Si vive en una casa de tamaño medio, aproximadamente un 20% del uso de energía se destina a calentar el agua.

Aislar el tanque envolviéndolo con un forro aislante especial (véase la figura *b*) puede ahorrarle de 5 a 10% en el consumo correspondiente al calentador de agua. Puede comprar una pieza de fibra de vidrio o espuma plástica que puede cortar para colocar en derredor del calentador, o comprar los materiales por separado y hacer un forro de prueba, pegando las juntas con cinta de aislar.

Advertencia: Mantenga alejado el aislante de la llama del piloto y del tubo del conducto de humos si los tiene. Y no cubra la parte superior del calentador de gas.

Bajar el ajuste de la temperatura en el calentador de agua de los 140° promedio a 110° o 120° le ahorrará combustible sin tener una diferencia marcada al lavar la ropa o al bañarse. (No obstante, las lavadoras de platos requieren agua a 160°.)

Recuerde apagar el calentador durante las vacaciones y otros periodos cuando deje la casa sola.

Instalar un contador automático de tiempo en el calentador de agua le permite programar el termostato para bajar la temperatura durante periodos de menor uso y elevarla durante los de mayor uso. Puede volver a ajustar o anular el uso del contador, a medida que cambie la demanda de agua.

Añadir una bomba de calentador puede representar una gran diferencia. Una bomba de calentador funciona de acuerdo con un calentador de agua eléctrico convencional usando calor del aire circundante en la habitación para calentar el agua. Aun cuando los ahorros de energía son muy sustanciales en climas calientes y durante el verano, el reembolso de los ahorros de energía de una bomba de calentador toma alrededor de 5 años. Una desventaja es: a la bomba le toma dos veces más tiempo para calentar un tanque lleno de agua que al calentador eléctrico convencional solo.

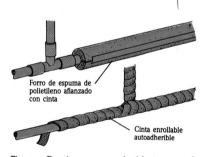

Figura a. Dos tipos comunes de aislantes para tubo.

Forro de espuma de polietileno afianzado con cinta

Cinta enrollable autoadherible

Instalar un calentador de agua que ahorra energía

En la actualidad la mayoría de los calentadores en el mercado traen incorporado un aislante de hule de 5 cm de espesor, más eficaz que la fibra de vidrio, el cual se reemplaza rápidamente.

Los calentadores de agua solares pueden aprovechar la energía del sol para proveer hasta 75% de las necesidades de agua caliente (véanse las páginas 86-87).

Aparatos eléctricos que ahorran energía

Los nuevos modelos de lavadoras de platos, de ropa y otros enseres eléctricos que utilizan agua caliente tienen incorporadas características para ahorrar energía tales como ciclos de lavado corto y ajustes de baja temperatura en el agua.

Existen lavadoras de platos que tienen incorporados elementos de precalentado los cuales calientan independientemente el agua a 160°, para que el resto del sistema de plomería funcione con agua menos caliente.

Los generadores de agua caliente proporcionan agua inyectando vapor al instante y eliminando la necesidad de hervir el agua en la estufa (lo cual requiere mucha más energía) para té, café y sopas. Este generador (véase la página 84) tiene un tanque de agua chico con un elemento de calefacción que calienta el agua a 200°.

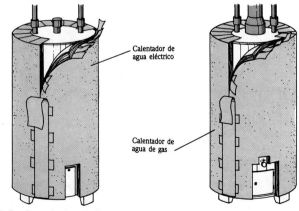

Calentador de agua eléctrico

Calentador de agua de gas

Figura *b*. Los forros hechos de fibra de vidrio R6 de 5 cm de espesor o de espuma de 9 mm de espesor sirven para aislar los calentadores de agua, ya sean de gas o eléctricos.

Planeamiento preliminar para prolongar el tubo

¿Cómo añadiría tubería para un ablandador de agua, o un nuevo baño completo, al sistema actual? Comience por estudiar los sistemas de plomería básicos (páginas 6-11) y las técnicas sobre cómo se hacen las conexiones de tubos (páginas 47-58). Después revise la información en esta sección que explica en forma general el proceso de planeación, explore alguna de las opciones, y presente técnicas y consejos generales para el bosquejo del tendido de tubos hacia nuevas instalaciones y aparatos eléctricos que usan agua.

Secuencia de planeamiento

Cuando planee añadir una instalación de plomería debe revisar las restricciones del reglamento, las limitaciones de la disposición del sistema, las consideraciones de diseño y, por supuesto, sus habilidades en plomería.

Revise los reglamentos. No compre un tubo, una conexión o una instalación hasta después de haber revisado los reglamentos de plomería. Casi cualquier ampliación que necesite la adición de tubos al sistema requerirá la inspección del trabajo antes de cerrar las paredes y el piso.

Estudie qué trabajos puede hacer.

Haga un plano del sistema. Un plano detallado del sistema actual le dará una imagen clara de dónde es factible conectar tubería hidráulica y sanitaria, y si los drenajes y tubos de ventilación actuales son los adecuados para el uso que planea.

Comience por el sótano, haga el croquis del desagüe con ventilación principal, del ramal de drenaje, del drenaje de la casa y registros accesibles; después haga el croquis de la red de tubos de alimentación de agua caliente y fría. También, inspeccione el desván o techo para ver el curso de la tubería de ventilación principal y cualquier tubería de ventilación secundaria. Determine los materiales y, si le es posible, los diámetros de todos los tubos.

Planee sobre papel. Planee el tendido para cualquier instalación nueva en tres partes: sistema hidráulico, sanitario y de ventilación. Para reducir el costo y para hacer el trabajo sencillo, disponga una instalación o **grupo de instalaciones** de manera que queden cerca de los tubos ya instalados, tanto como le sea posible.

También, tenga en cuenta estas preguntas: ¿Es suficiente el calentador de agua actual para una regadera o lavabo adicional? (Véase la página 88.) ¿Es adecuada la presión de agua para la demanda extra? (Véase la página 42.)

Decida qué tipo de tubo necesitará: galvanizado, de cobre o de plástico para la tubería hidráulica; de plástico, de cobre o de hierro fundido para la tubería sanitaria y de ventilación. (Para ayudarle a decidir, véanse las páginas 47-58.)

Opciones de disposición. La manera más sencilla, eficiente y a buen costo de añadir una instalación o grupo de instalaciones nuevas es conectar directamente al desagüe con ventilación principal ya instalado, ya sea de manera individual o a través de su propio desagüe. Un planteamiento común es colocar una instalación o grupo de instalaciones nuevas arriba o abajo de un grupo ya instalado al desagüe, estilo sobre los hombros (pero revise detenidamente los reglamentos). Otra opción es colocar una instalación o grupo de instalaciones nuevas de respaldo a un grupo ya conectado al desagüe con ventilación principal (véase la **figura 27a**).

Si la adición está localizada en el área contraria al tendido existente en la casa, probablemente necesitará colocar una nueva tubería de ventilación secundaria hacia arriba a través del techo, y un nuevo ramal de desagüe hacia el de aguas negras (véase la **figura 27b**) o al drenaje principal de la casa con un registro existente. La nueva tubería de ventilación secundaria y el ramal del desagüe elevarán sustancialmente el trabajo necesario y el costo, y habrá que hacer demoliciones.

A menudo un lavabo, tina o regadera de baño se pueden conectar directamente a un ramal de desagüe existente, pero nunca el inodoro.

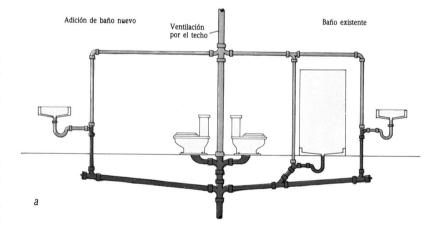

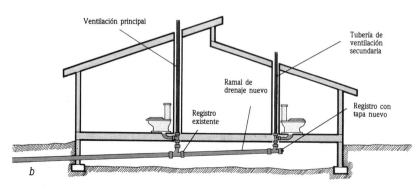

Figura 27. Opciones para la disposición de instalaciones. Dos formas comunes de instalar un baño nuevo son respaldo contra respaldo de instalaciones existentes, utilizando el desagüe de aguas negras con ventilación principal (a); y con su propia tubería de ventilación y ramal de desagüe nuevos (b).

¿Podrá hacerlo? Prolongar tubos hidráulico, sanitario y de ventilación hacia una instalación nueva o a un grupo de instalaciones nuevas requiere de la habilidad de medir con precisión los tendidos de tubo, calcular el declive del tubo sanitario y de ventilación (S y V) así como cortar y unir el tubo y las conexiones. Además, de habilidades en carpintería general y las herramientas necesarias para abrir paredes y pisos, cortar muescas o taladrar armazones, alrededor de tinas y regaderas. Las ampliaciones que abarcan un nuevo desagüe con ventilación o la adición de un nuevo sistema de ventilación son en particular difíciles y complicados.

Si tiene alguna duda acerca de estas tareas, debe contratar a un profesional para que revise sus proyectos e instale el sistema sanitario y de ventilación, o para que haga el planeamiento de todos los tubos. Después consulte las páginas 66-93 y haga usted las conexiones de instalaciones y aparatos eléctricos.

Repaso breve a los reglamentos

Los reglamentos aplican pocas restricciones a las extensiones sencillas de tubos de alimentación de agua caliente y fría, siempre y cuando la presión de agua de la casa sea la apropiada para la tarea (véase la página 42). En el reglamento local debe estar explicado de forma clara el material y el diámetro necesario para los tubos de alimentación que abastecerán a cada una de las instalaciones o aparatos eléctricos nuevos. Los tubos que forman el sistema sanitario y de ventilación (S y V) son más problemáticos; los reglamentos regulan la organización de estos tubos.

Hay tres elementos importantes del sistema S y V que están sometidos a restricción en el reglamento y son 1) el principal desagüe de aguas negras vertical; 2) los ramales de desagüe horizontales; y 3) los sistemas de ventilación separados. Cuando vaya a añadir una nueva instalación o baño, necesitará contestar las siguientes preguntas:

- *¿Es suficiente en tamaño el desagüe de aguas negras o el ramal del desagüe actual cómo' para conectar más tubería?*
- *¿Dónde puede colocar instalaciones a lo largo del sistema S y V actual?*
- *¿Cómo ventilará cada nueva instalación?* Las respuestas a estas preguntas pueden realizar o frustrar sus planes.

Cómo calcular el tamaño de los desagües, drenajes y tubos de ventilación. El reglamento de plomería especifica los diámetros mínimos para las aguas negras y los tubos de ventilación en relación con el número de unidad-mueble. (Una unidad-mueble representa 28.40 litros o .0283 m

de agua por minuto.) En el reglamento encontrará en forma de tablas clasificaciones de unidad-mueble para todo tipo de instalaciones de plomería.

Para determinar el diámetro del tubo de desagüe, busque en el reglamento en la tabla de unidad-mueble la instalación o instalaciones que esté considerando. Sume el total de unidades-mueble; después busque el diámetro de drenaje que se especifica para ese número de unidades.

Las normas para el tamaño del tubo de ventilación también incluye el *largo* y el *tipo* de ventilación, además de la carga de unidad-mueble. (A continuación hay una exposición sobre los tipos de ventilación.)

Distancia máxima. A la distancia máxima permitida entre el cespol de una instalación y el tubo de desagüe o drenaje principal en el cual descarga, se le llama distancia máxima. Ninguna salida de drenaje puede estar completamente abajo del nivel del remate del vertedero del cespol (véase la **figura 28**) o funcionará como un sifón, desaguando el cespol; por esto, cuando se calcula el declive ideal de 62 mm por cada 30 cm para el drenaje se reduce con rapidez la distancia de ese tubo de drenaje. Sin embargo si el drenaje de la instalación está adecuadamente *ventilado* dentro de la distancia máxima, el drenaje puede fluir indefinidamente al desagüe de aguas negras o drenaje principal presente.

Opciones de ventilación. Las cuatro opciones básicas de ventilación (véase la **figura 29**), apegadas al reglamento local, son ventilación húmeda, ventilación de retroceso, ventilación individual y ventilación indirecta.

- *La ventilación húmeda* es la más sencilla, la instalación se ventila directamente a través del ramal de desagüe de aguas negras.
- *La ventilación de retroceso (de circuito)* consta de un circuito de ventilación colocado hacia arriba pasando por las instalaciones el cual se conecta al desagüe de aguas negras principal o a una ventilación secundaria por encima del nivel de la instalación.
- *La ventilación individual (secundaria),* como su nombre lo indica, significa colocar en una instalación o grupo de instalaciones nuevas que quedan alejadas del desagüe de aguas negras principal otro tubo de ventilación ("tubería de ventilación secundaria") hacia arriba a través del techo.
- *La ventilación indirecta* le permite ventilar algunas instalaciones o aparatos eléctricos (por ejemplo, una regadera en el primer piso) a través de un drenaje de piso o de tina ya instalado sin tener que colocar ventilación adicional.

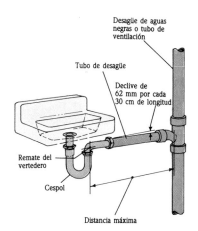

Figura 28. La distancia máxima no debe exceder la permitida del tubo de desagüe entre el cespol de la instalación y el desagüe de aguas negras o el tubo de ventilación.

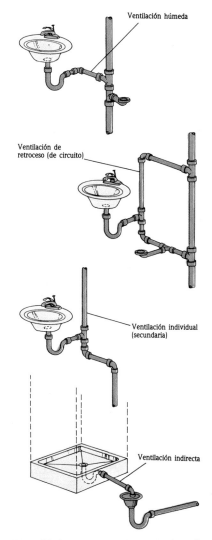

Figura 29. Los cuatro tipos de ventilación están sujetos a los reglamentos locales.

Localizar y poner al descubierto los tubos

Antes de poder prolongar los tubos ya instalados para que lleguen hasta una instalación o grupo de instalaciones nuevas, necesitará determinar con precisión por donde pasan dentro de paredes y pisos. Después, para tener espacio suficiente para trabajar, necesitará quitar con cuidado los materiales de la pared, del techo, y del piso en el área inmediata.

Localizar los tendidos de tubo. A estas alturas ya debe conocer aproximadamente la localización de los tubos a los cuales va a conectar. Aquí es donde es útil el plano del sistema (véase la página 60).

Localice los tubos tan exactamente como le sea posible por arriba o por abajo. Tendrá que perforar o hacer hoyos exploratorios para determinar con precisión la localización de un desagüe, un ramal de desagüe o los tubos verticales de alimentación dentro de la pared o del techo. Una vez que encuentre una tubería vertical, la otra debe estar a unos 15 cm de distancia.

Poner al descubierto los tubos en una pared. Antes de abrir la pared, meta un flexómetro metálico por el hoyo exploratorio cerca de los tubos a los que piensa conectar. Corra la cinta a la izquierda hasta que tope con un travesaño; anote la distancia, después marque esa medida en el exterior sobre el recubrimiento de la pared. Después repita el procedimiento hacia la derecha. Con un nivel de carpintero que cuente con plomada, trace líneas verticales a lo largo de las marcas para delinear los cantos de

los travesaños a los costados. Después gire el nivel a la línea horizontal y una las líneas verticales de arriba y abajo donde planea conectar a los tubos. Un rectángulo de unos 90 cm de altura debe ser suficiente.

Para cortar madera laminada para pared recubierta con yeso, taladre hoyos guía chicos en las cuatro esquinas de su trazo, después, con un serrucho para calar, corte a lo largo de las líneas que marcó (véase la **figura 30**).

Poner al descubierto los tubos en pisos y techos. Los pisos pueden ser una proposición mucho más difícil que las paredes, no sólo tiene que quitar el recubrimiento del piso (y componerlo más tarde), sino también el firme. Si va a conectar a un ramal de desagüe, intente tener acceso por abajo, por el primer piso para un drenaje en el segundo piso, o a través de los materiales del techo debajo del segundo piso. Para abrir un techo entre vigas, siga el procedimiento para abrir paredes (sección anterior).

Enlaces de tubo

Básicamente, conectar a tuberías de desagüe de aguas negras, de ventilación y de alimentación ocasiona cortar una sección de cada tubo, insertar una nueva conexión sanitaria o hidráulica, y tender tubos hacia la nueva instalación siguiendo las líneas trazadas de antemano.

Trazar el plan de enlace. La mayoría de las instalaciones nuevas cuentan con un "es-

quema de mueble" o algún sistema de medición que explica donde se deben localizar en la pared o piso los tubos de alimentación y la salida del cespol hacia el drenaje (el punto donde el drenaje entra en la pared o piso). Determine con cuidado la localización de estas medidas donde las prefiera sobre la pared o piso. El *largo* combinado del nuevo drenaje de la instalación y la altura de la salida del cespol en la pared o debajo del piso determinarán con exactitud dónde se hará el enlace con el desagüe de aguas negras o ramal del drenaje.

Para trazar un enlace con un desagüe dentro de una pared (para un lavabo), primero marque las medidas de localización del mueble sobre el recubrimiento de la pared. Para trazar el declive de 62 mm por cada 30 cm para el drenaje, coloque un flexómetro desde el centro de la marca de salida del cespol hacia un punto a la misma altura en el desagüe. A esta distancia reste 62 mm por cada 30 cm de longitud, y la cantidad resultante se baja a la marca del desagüe (véase la **figura 31**).

Coloque el nuevo codo cerrado (de un inodoro) o el cespol (de una regadera o tina) abajo del firme. Calcule el declive en una viga paralela marcándolo tensando y jalando una línea de gis, o colocando una cuerda tensa a lo largo del tendido propuesto.

Los tubos de alimentación no requieren de un declive de 62 mm por cada 30 cm de longitud como los tubos de desagüe, sin embargo calcular por lo menos un declive ligero le permite desaguar los tubos posteriormente. Coloque los tubos de alimentación de agua caliente y fría paralelos entre sí, por lo menos a 15 cm de distancia uno de otro.

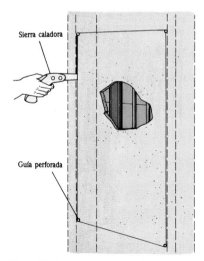

Figura 30. Para llegar al desagüe de aguas negras y a otros tubos dentro de la pared corte la madera laminada recubierta con yeso con una sierra caladora.

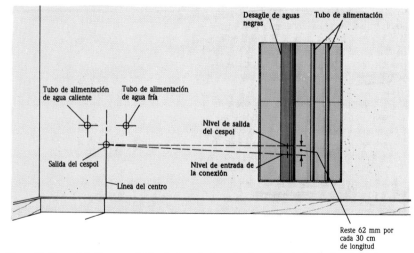

Figura 31. Trace el declive para el tubo de desagüe de un lavabo midiendo desde el centro de la marca de la salida del cespol hacia un punto a la misma altura del desagüe de aguas negras. Reste 62 mm por cada 30 cm de longitud, después marque el desagüe en el punto más bajo. La nueva marca da el declive correcto.

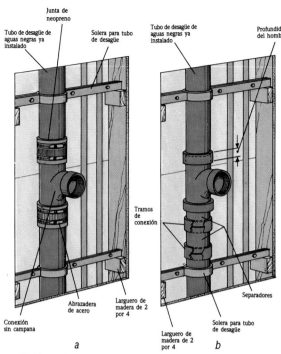

Figura 32. Para enlazar las conexiones sanitarias y de ventilación nuevas (S y V) a un tubo de desagüe de aguas negras de hierro fundido utilice juntas de neopreno y abrazaderas de acero (*a*); o a un tubo de cobre o plástico una o pegue con cemento las conexiones (*b*).

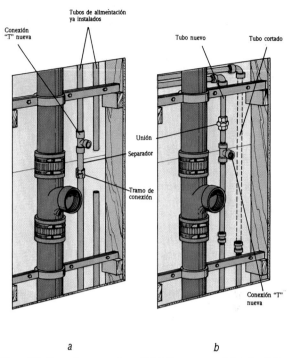

Figura 33. Para enlazar conexiones hidráulicas nuevas, a tubos de plástico rígido o de cobre, utilice separadores y tramos de conexión (*a*); a tubos galvanizados regrese a la conexión más cercana a cada uno de los extremos (*b*).

Enlaces sanitarios y de ventilación. El método para conectar a los tubos S y V depende del material del tubo.

■ *Para el común desagüe de aguas negras de hierro fundido.* Coloque la nueva conexión sin campana (véase la página 58) con su entrada centrada en la marca donde entrará el tubo de desagüe de aguas negras (véase "Trazar el plan de enlace"); marque los bordes superior e inferior de la nueva conexión sobre el desagüe. Antes de cortar un desagüe de aguas negras, afiáncelo instalando soleras para tubo de desagüe (véase la **figura 32a**) a varios centímetros arriba y abajo de las marcas de corte. Clave largueros de madera de 2 por 4 a los lados de los travesaños; después deslice las soleras en posición y apriete los pernos.

Con un cortador para tubo sanitario corte el tubo de desagüe a lo largo de las marcas (véase la página 58). Deslice una junta de neopreno en cada extremo del tubo cortado y ponga en la posición adecuada la nueva conexión. Después deslice la junta sobre cada unión y atornille semiapretadas las abrazaderas de acero. (Más tarde puede volver a ajustarlas y a apretarlas.)

■ *Para los desagües de aguas negras de plástico o cobre.* Primero marque la conexión sobre el desagüe, como se describió previamente. Después marque la profundidad del hombro de la nueva conexión abajo de la marca superior, y haga otra marca a 20 cm debajo de la marca inferior de la conexión. Con cuidado y con una sierra para cortar metales, corte el desagüe de aguas negras siguiendo la segunda serie de marcas.

Junte con cemento la nueva conexión al tubo de arriba, corte un separador corto como se muestra, y únalo a la parte inferior de la conexión. Mida otro separador que entre exactamente en el espacio sobrante. Deslice los dos tramos de conexión en el tubo, ponga en la posición adecuada el separador, y pegue con cemento las dos conexiones sobre las juntas (véase la **figura 32b**). O, en un desagüe de plástico en lugar de los tramos de conexión, utilice juntas de neopreno y abrazaderas de acero.

■ *Los enlaces a un ramal de desagüe* se realizan con las mismas técnicas ya descritas (dependiendo del material), pero con los tubos colocados horizontalmente. Verifique que el ramal del desagüe está debidamente afianzado con soportes para tubo a cada lado del corte (véase la figura 23 en la página 57).

Enlaces en el sistema hidráulico. Los enlaces a la tubería vertical hidráulica se hacen de la misma manera que los enlaces a los tubos de desagüe. Primero, cierre el suministro de agua con la válvula de cierre principal (véase la página 23) y desagüe los tubos, si le es posible.

El método exacto de enlace varía según el material. Si los tubos de alimentación son de cobre de temple suave o de plástico flexible, sólo corte los tubos e inserte las conexiones "T" nuevas. El plástico rígido o el cobre de temple duro requieren que se corte una sección de tubo, de unos 20 cm, y, dependiendo del juego disponible, añadir uno o dos separadores (niples) y tramos de conexión (véase la **figura 33a**). O, en tubo de plástico, instale un separador con un extremo roscado y una unión.

Si los tubos de alimentación son tubos galvanizados roscados, tendrá que cortar cada uno de los tubos (páginas 56-57), después retroceder a la conexión más cercana a cada extremo (véase la página 56).

Destornille el tubo por cada una de las conexiones, utilice dos llaves (véase la figura 20 en la página 56). Instale una unión, el tubo nuevo, y la conexión "T" (véase la **figura 33b**), o, si desea cambiar a tubo de plástico o de cobre en este punto, añada una conexión de transición, un separador, el tubo nuevo y una conexión "T".

Tendidos de tubo nuevo

Con los enlaces ya hechos, los tubos sanitarios, de ventilación e hidráulicos se tienden hacia la localización de la nueva instalación, según antes se marcó. Si desea cambiar de tipo de tubo, por decir algo de hierro fundido o de cobre a plástico, es cosa de insertar el adaptador apropiado en el extremo de la conexión (las conexiones de transición se describen bajo los diferentes tipos de tubo, páginas 47-58).

De forma ideal, los tubos deben siempre correr paralelos a los miembros de la armazón, y entre ésta. En realidad, en algún punto, probablemente tendrá que emplear una de las técnicas que se describen a continuación. (Nota: Antes de cortar cualquier viga o travesaño, revise el reglamento de construcción local).

Deje las nuevas conexiones y tendidos de tubo sin cubrir durante unos cuantos días para ver si hay alguna fuga. Después resane la pared, el techo o el piso.

Cortar vigas. Si un tubo topa con una viga cerca de su centro, normalmente podrá taladrar un hoyo (véase la **figura 34a**), siempre y cuando el diámetro no sea mayor a una tercera parte del ancho de la viga.

Si un tendido de tubo topa con una viga cerca de la parte superior o inferior, hacerle una muesca podrá darle cabida. El fondo de la muesca no debe ser mayor a una sexta parte del ancho de la viga, y la muesca no se puede hacer en la parte central de la tercera parte del segmento. A las vigas que se les haga una muesca en la parte superior (véase la **figura 34b**) se deben reforzar con largueros de madera de 2 por 2 abajo de la muesca por ambos lados de la viga para proporcionarle soporte adicional. A las vigas que se les haga una muesca en la parte inferior (véase la **figura 34c**) se les debe poner una tira de acero o clavarles largueros de 2 por 2.

En ocasiones es necesario cortar una sección entera de una viga para dar cabida a una sección de tubo sanitario y/o de ventilación (S y V). Haga este corte sólo a la cuarta parte del extremo de la viga. Refuerce esta sección colocando largueros a ambos lados del corte (véase la **figura 35**).

Cortar travesaños en la pared. Puede hacer una perforación hasta de 40% del ancho del travesaño (véase la **figura 36a**) en paredes de carga (aquellas que soportan vigas o maderos), y hasta de 60% en paredes que no sean de carga, o en paredes de carga si clava otro travesaño al anterior para reforzarlo. Las perforaciones deben estar centradas.

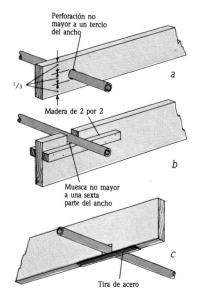

Figura 34. Para tender tubo a través de una viga, perfore un hoyo (a); haga una muesca en la parte superior (b); o en la parte inferior (c).

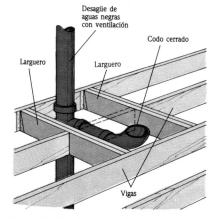

Figura 35. Si quita una sección de viga para tender tubos S y V, refuerce el corte colocando largueros a ambos lados.

Usted puede hacer una muesca hasta de 25% del ancho del travesaño en paredes de carga (véase la **figura 36b**) y hasta de 40% en paredes que no lo sean. Las muescas se deben reforzar con tiras de acero (véase la **figura 36c**).

Tender tubos por afuera de la pared. Esta técnica no requiere de hacer muescas y no hay que resanar tantas paredes. Afiance temporalmente los tubos con tramos de madera; después afiance soportes para tubo a los travesaños de la pared (véase la **figura 37**). Los tubos se pueden ocultar construyendo armarios, un closet, un tocador o entrepaños (sobre los tubos).

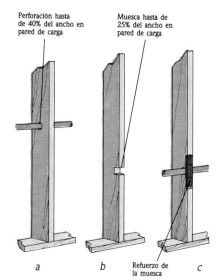

Figura 36. Para tender un tubo a través de un travesaño, haga una perforación (a) o haga una muesca en el borde (b) y refuerce la muesca con tiras de acero (c).

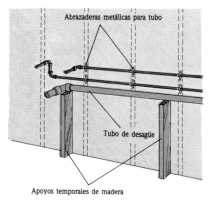

Figura 37. Para tender tubos al descubierto a lo largo de la pared, fije soportes para tubo (tales como abrazaderas para tubos), después quite los apoyos.

"Engrosar" una pared. Se pueden levantar nuevos tamaños y recubrimientos de pared frente a la pared, tanto para cubrir los tubos colocados sobre la pared como para alojar conexiones sanitarias y de ventilación (S y V) de tamaño exagerado, tal como un desagüe nuevo. Puede levantar toda una pared, o "engrosar" sólo la porción baja, dejando una repisa para almacenar o colocar entrepaños sobre los tubos.

Reconstruir el piso para cubrir un nuevo ramal de desagüe. Alrededor de los nuevos tubos levante el piso con tiras de revestimiento, o construya una plataforma sobre los tubos de la instalación o aparato eléctrico.

Planeamiento preliminar de instalaciones

A continuación se dan consejos generales, características de instalación y advertencias sobre el planeamiento preliminar de instalaciones nuevas que requieren enlazarse a los sistemas sanitario de ventilación (S y V) e hidráulico actual, o que se prolonguen los tubos.

Un lavabo de baño es relativamente fácil de instalar (véase la **figura 38a**). Las instalaciones comunes son las de respaldo contra respaldo (requieren pocos tubos), dentro de un mueble de madera esconde el tendido de tubos, y a lado de otro (véase la página 71). Con frecuencia, si el lavabo está dentro de la distancia máxima puede tener ventilación húmeda; de lo contrario deberá tener ventilación de retroceso. Añadir un lavabo causa poco impacto sobre la eficacia actual del drenaje (un lavabo está clasificado como bajo en las tablas de unidad-mueble).

Los tubos necesarios son: fragmentos de salida de tubo de alimentación de agua caliente y fría; válvulas de cierre; conexiones de transición, si son necesarias; tubería flexible sobre las válvulas de cierre. Pueden ser necesarias cámaras de aire.

Inodoro. El mueble individual más problemático de instalar, es el inodoro (véase la **figura 38b**) requiere de su propia ventilación (mínimo tubo de 2 pulgadas de diámetro) y un drenaje de por lo menos 3 pulgadas de diámetro. El inodoro no se puede colocar "cuesta arriba" con respecto a un lavabo o regadera, si se conecta a un ramal de desagüe.

Primero se debe planear la instalación del codo cerrado y de la brida de piso del inodoro; la brida de piso se debe colocar al nivel del acabado final del piso.

Los tubos necesarios son: fragmentos de salida con válvula de cierre de tubo de alimentación de agua fría; tubería flexible sobre la válvula. Puede ser necesaria una cámara de aire.

Regadera y tina de baño. Al igual que un lavabo, las tinas y las regaderas se clasifican bajo en las tablas de unidad-mueble; a menudo se colocan sobre ramales de desagüe y por lo general utilizan ventilación húmeda o de retroceso; ambas entran en el desagüe a nivel del piso o por debajo debido al cespol de drenaje de piso. El cuerpo de la llave de la regadera y el montaje de la cabeza de la regadera se instalan en tanto está abierta la pared (véase la **figura 38c**); las tinas y las regaderas pueden necesitar armazón de apoyo.

Los tubos necesarios son: tendidos de tubo de alimentación de agua caliente y fría y un tubo para la cabeza de la regadera. Utilice tubo flexible sobre los fragmentos de salida de los tubos de alimentación. Pueden ser necesarias cámaras de aire.

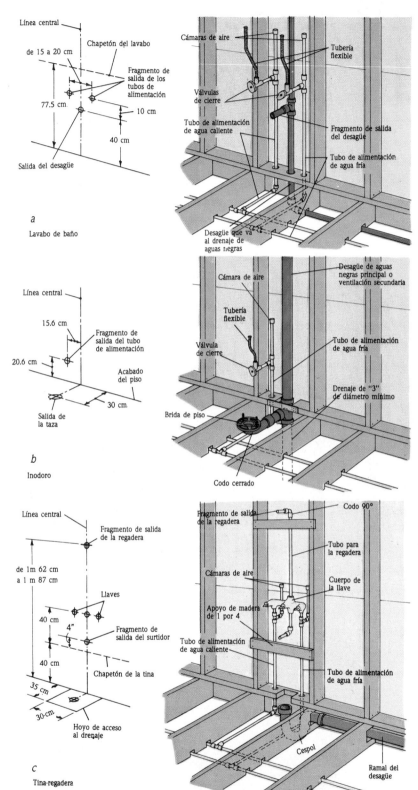

Figura 38. Medidas representativas en la planeación. Los componentes de plomería ilustrados son componentes de un baño nuevo: un lavabo (a), un inodoro (b) y una combinación de tina y regadera (c). Utilice las medidas para ayudarse a planear; para llenar los requisitos exactos de la planeación preliminar revise los reglamentos locales y las dimensiones precisas de la instalación.

Mejoras a las instalacione de plomería

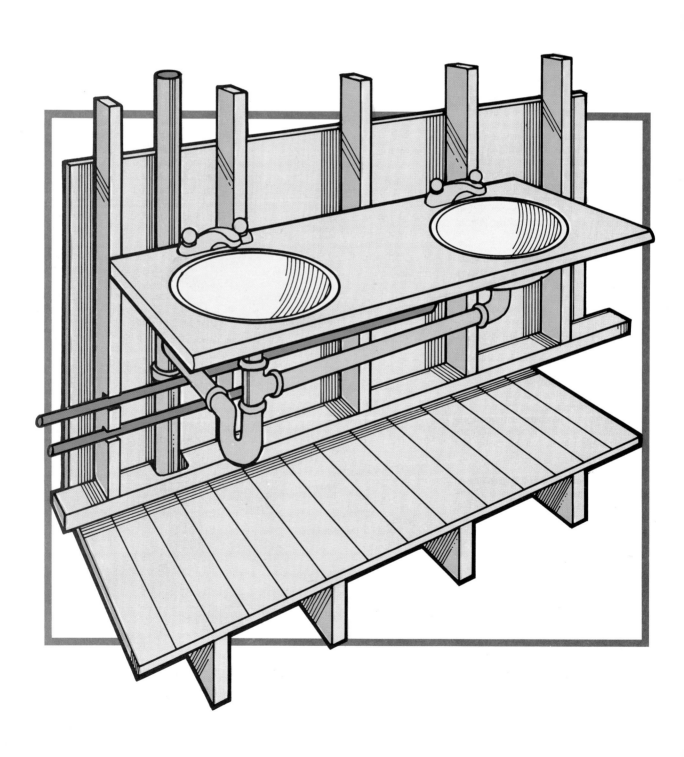

Reemplazo de llaves en la pared

¿Llegó el momento de reemplazar una llave que ya no tiene compostura? El trabajo de reemplazo es un poco más difícil que algunas composturas usuales y bien vale el esfuerzo. A menudo quitar la instalación vieja toma más tiempo que instalar la nueva.

En la actualidad la mayoría de las llaves para cocina y baño se instalan sobre una cubierta, lo que significa que se fijan al lavabo o a la contracubierta a través de perforaciones ya preparadas. Sin embargo algunas llaves, en especial en casas viejas, están instaladas directamente en fragmentos de salida de los tubos de alimentación sobre el lavabo en lugar de el propio lavabo. A estas llaves se les denomina instaladas en la pared y son llaves de compresión (páginas 13-14) o de monomando (páginas 15-18).

De cualquier tipo que sea la llave, convertir una llave instalada en la pared en una llave instalada en la cubierta es un trabajo engorroso que obliga a desviar los tubos, resanar las paredes y aún más. Es mejor quedarse con una llave instalada en la pared, eligiendo un bonito diseño, que cambiarla por una llave instalada sobre una cubierta, sólo por el hecho de que ahí esté.

Cómo seleccionar una llave instalada en la pared

Antes de adquirir la llave, mida la distancia de centro a centro entre los tubos de alimentación de agua, por lo general son 10, 15 o 20 cm. También, mida con cuidado el diámetro de los tubos de alimentación. Elija la llave que más se aproxime en distancia a la medida, de centro a centro, de la llave original y si puede lleve a la tienda dicha llave original.

Encontrará una gran cantidad de marcas y modelos entre las cuales escoger. Busque una de buena calidad, fabricada por una compañía de prestigio. Obtenga el instructivo de instalación completo y claro. También debe averiguar si el fabricante, para reparar la llave, vende juegos de piezas y partes de reposición o refacciones.

Cómo desprender una llave instalada en la pared

Cuando quite cualquier tipo de llave instalada en la pared (de compresión o monomando), para aflojar las conexiones de enlace utilice una llave de tuercas con las tenazas cubiertas y evitará que los dientes de la tenaza marquen o rayen las conexiones.

Advertencia: Antes de realizar cualquier trabajo, cierre el agua con las válvulas de cierre de la instalación o con la válvula de cierre principal (véase la página 23). Abra la llave para desaguar los tubos.

Cómo quitar una llave de compresión instalada en la pared. Separe las manijas como se explica en la página 13. Con la llave de tuercas y con las tenazas cubiertas, destornille las tuercas de cople cromadas (véase la **figura 1**) del cuerpo de la llave detrás de las manijas de la llave. Retire el cuerpo de la llave de los fragmentos que salen de la pared.

Cómo quitar una llave de monomando instalada en la pared. Con un "perico" y con las tenazas cubiertas, gire el anillo del surtidor en sentido contrario al de las manecillas del reloj hasta que desprenda el surtidor. Quite el anillo decorativo ornamental para llegar a los enlaces. Si el anillo está pegado, aplique un poco de aceite disolvente y vuelva a intentarlo. Haga a un lado el anillo decorativo y destornille las tuercas de conexión (véase la **figura 2**) donde unen el cuerpo de la llave con los tubos de alimentación de agua.

Cómo colocar una llave nueva instalada en la pared

Como casi todas las piezas de plomería que adquiera deberá traer instrucciones de instalación específicas. Las unidades difieren entre las de un fabricante y las de otro, por lo que necesitará leer y seguir con atención las instrucciones.

Cerciórese de poner todas las juntas y las arandelas en sus lugares antes de hacer los enlaces. Para asegurar una instalación a prueba de agua, aplique lubricante (véase la **figura 3**) o enrolle cinta para tubo alrededor de toda la rosca del mismo.

Pruebe la llave para ver si hay alguna fuga y apriete cualquier enlace flojo.

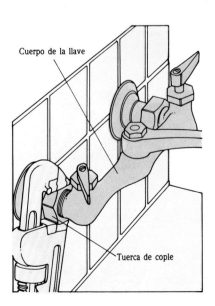

Cuerpo de la llave

Tuerca de cople

Figura 1. Para quitar una llave de compresión instalada en la pared, destornille las tuercas de cople.

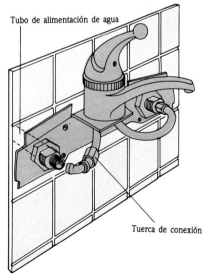

Tubo de alimentación de agua

Tuerca de conexión

Figura 2. Para quitar una llave de monomando instalada en la pared, afloje las tuercas de conexión del cuerpo de la llave.

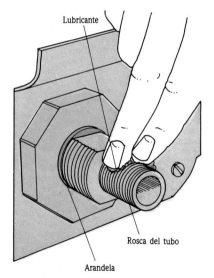

Lubricante

Rosca del tubo

Arandela

Figura 3. Antes de colocar una llave nueva, ponga en su lugar todas las arandelas y las juntas; lubrique la rosca.

Reemplazo de llaves instaladas en una cubierta

Cuando vaya a comprar una llave nueva para instalarla en una cubierta, le será difícil decidirse por cual. Tendrá que elegir entre una amplia variedad de llaves de monomando con un solo maneral: de válvula, disco, globo, cartucho; y entre reproducciones de estilo antiguo a llaves de compresión actuales. Todas son intercambiables siempre y cuando las cañas de entrada de llave estén separadas de manera que se ajusten a las perforaciones del lavabo en el cual las va a instalar.

Si le es posible, cuando vaya a comprar una refacción lleve con usted la llave original. También mida el diámetro de los tubos de alimentación.

Elija una unidad que cuente con las instrucciones de instalación claras y que estén a la venta juegos de partes o componentes sueltos para problemas futuros.

Advertencia: Antes de realizar cualquier trabajo, cierre el agua con las válvulas de cierre de la instalación o con la válvula de cierre principal (véase la página 23). Abra la llave para desaguar los tubos.

Trabajar con tubería flexible. Algunas llaves ya traen instalada tubería de cobre o de plástico flexible para el suministro de agua. Donde quedará oculta la tubería en un mueble con frecuencia se utiliza más el tubo de cobre flexible sin cromar. Si la tubería queda a la vista, o si los tubos existentes están deteriorados o rayados, junto con la llave compre tubos de cobre cromado, o de plástico.

Como las piezas de tubería son flexibles, se pueden doblar para ir de las cañas de entrada de la llave a las válvulas de cierre en los salientes de la pared. Si es necesario, con una sierra para cortar metal o un cortador de tubo chico corte la tubería al largo adecuado.

Si la llave no tiene tubería flexible, primero afiance la tubería flexible nueva o la existente a las válvulas de cierre debajo del lavabo y después a las cañas de entrada de la llave.

Véanse las páginas 52 y 71 donde se da mayor información acerca de la tubería flexible.

Cómo remover una llave instalada en la cubierta. Como el espacio debajo del lavabo es reducido, utilice una llave que en el lavabo sirve para quitar los coples que conectan la tubería flexible a las cañas de entrada de la llave (véase la **figura 4**). Aún con la llave para lavabo afloje las contratuercas en ambas cañas, saque las contratuercas y las arandelas. Después retire la llave.

Cómo desarmar un desagüe automático. Si está trabajando en un lavabo de baño que tiene un ensamble de desagüe automático, quite el tapón (véase la página 21). Si está unido a una varilla de pivote, libérela (véase la **figura 5**) desenganchando el tornillo del elevador y la abrazadera de resorte. Alce la varilla del desagüe automático.

Cómo desconectar un rociador de fregadero. En un fregadero de cocina con manguera de rociador, para destornillar el cople que une la manguera al niple bajo del cuerpo de la llave utilice un perico ajustable o una llave para lavabo (véase la **figura 6**).

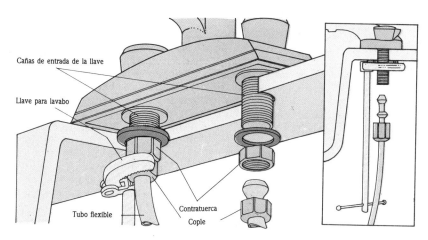

Figura 4. Destornille el cople de cada una de las cañas de entrada de la llave, utilice una llave para lavabo y trabaje desde abajo del lavabo. Después retire las contratuercas y arandelas de las cañas y alce la llave.

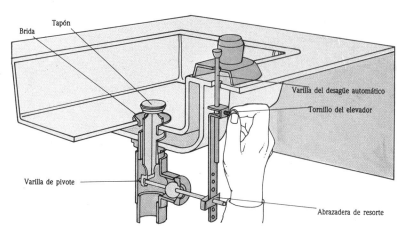

Figura 5. Desprenda la varilla del desagüe automático de la de pivote y del tapón destornillando el tornillo del elevador y desprendiendo la abrazadera de resorte.

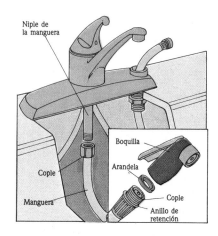

Figura 6. Desconecte la manguera del rociador del niple de la manguera abajo del cuerpo de la llave destornillando el cople.

Cómo instalar una llave nueva. Limpie la superficie del lavabo donde asentará la nueva llave. La mayoría de las llaves traen una junta de hule en la parte inferior; si la que va a colocar no la trae, aplique junta proel (véase la **figura 7**).

Coloque la llave en la posición correcta, pasando simultáneamente la tubería flexible (si la tiene conectada) hacia abajo a través de la perforación central del lavabo (véase la **figura 8**). Presione la llave sobre la superficie del lavabo. Atornille con la mano las arandelas y las contratuercas en las cañas de entrada de la llave; posteriormente apriete con una llave para lavabo con las tenazas cubiertas con cinta de aislar. Si la llave de fregadero que está instalando tiene manguera de rociador conéctela a continuación (véase la página 19).

Conecte la tubería flexible (véase la **figura 9**), doblando poco a poco los tubos para que lleguen a las válvulas de cierre. (Si no tiene válvulas de cierre, o si se necesita prolongar el tubo, instálelas como se indica en las páginas 70-71.) Conecte la tubería a las válvulas de cierre, utilizando conexiones de compresión o ensanchadas (páginas 48 y 55).

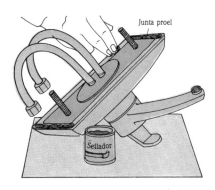

Figura 7. Para que selle la llave en la superficie del lavabo aplique junta proel al canto inferior de la llave, si no trae junta de hule.

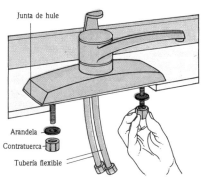

Figura 8. Coloque la llave en su lugar atornillando los tubos de alimentación a través de la perforación del lavabo y presione el ensamble en el lavabo.

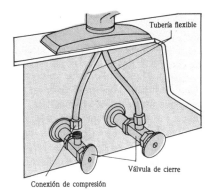

Figura 9. Conecte la tubería flexible a las válvulas de cierre, con conexiones de compresión o ensanchadas.

Mantenimiento de instalaciones nuevas

No importa de que estén fabricadas las instalaciones nuevas, acero inoxidable, porcelana esmaltada o fibra de vidrio éstas pueden continuar viéndose como nuevas.

Los muebles de acero inoxidable permanecen brillantes y radiantes si se fro-

Figura a. Para remover manchas en una tarja de porcelana esmaltada, vierta blanqueador en agua caliente y deje que se impregne hasta que desaparezca la mancha.

tan ligera y frecuentemente con un trapo húmedo, y después se secan con un trapo suave.

Para que tengan un brillo más intenso, aplique un pulidor ligeramente abrasivo. Para remover manchas difíciles que no se quitan con la limpieza diaria, utilice amoniaco diluido en agua, o un solvente como alcohol, bicarbonato de sosa, vinagre o aguarrás, usando un trapo. Después de cualquiera de estas aplicaciones lave con detergente y agua caliente; después enjuague y seque con un trapo suave y limpio.

Los muebles de porcelana esmaltada se deben limpiar suavemente con agua jabonosa, después enjuagar y secar. Para manchas obstinadas, llene la tarja o tina con agua caliente y añada blanqueador de cloro o bien oxigenado (véase la **figura a**) diluido de acuerdo a las instrucciones del envase. Deje reposar e impregnar hasta que pueda limpiar la mancha. El blanqueador concentrado o inadecuadamente diluido puede dañar la superficie. Los limpiadores

abrasivos también pueden dañar la superficie, ya que contienen sustancias arenosas que a la larga desgastan la superficie esmaltada, haciéndola más difícil de limpiar a medida que pasa el tiempo.

Para inodoros, utilice un blanqueador de cloro o un limpiador especial para inodoro. Los limpiadores espumosos en aerosol y los líquidos para baños también ofrecen una manera fácil y eficaz para limpiar sin dañar la superficie del mueble.

Los muebles de fibra de vidrio tienen una capa de un sellador protector a base de gel que se gasta con el tiempo. Se puede evitar en parte limpiando sólo con limpiadores líquidos. En fibra de vidrio nunca se deben utilizar limpiadores abrasivos, éstos dañan la superficie, que se llega a dañar, el fabricante de la unidad puede restaurar el terminado original cuando se justifica.

Para conservar el brillo protector aplique de vez en cuando cera líquida abrillantadora de automóviles o cera especial para pulir fibra de vidrio, que es suave y no raya.

Instalación de válvulas de cierre

Si las instalaciones no están provistas de válvulas de cierre, o si la válvula está desgastada, notará que instalar una válvula nueva no es una tarea difícil y hará que las reparaciones futuras resulten menos difíciles.

Una válvula de cierre facilita cerrar el suministro de agua a la instalación para hacer composturas, o en una emergencia, sólo se gira el maneral de la válvula en el sentido de las manecillas del reloj hasta que queda completamente cerrada, se abre la llave (s) para desaguar los tubos, y se prosigue con el trabajo.

Haga una inspección rápida en su casa para determinar el número de válvulas de cierre que necesita. Todo lavabo, tina, regadera y lavadora de ropa debe tener válvulas de cierre tanto en los tubos de agua caliente como en los de agua fría. Un inodoro y un calentador de agua requieren sólo de una válvula de cierre (por que sólo utilizan agua fría), y una lavadora de platos sólo necesita una válvula de cierre porque sólo usa agua caliente.

Advertencia: Antes de realizar cualquier trabajo, cierre el agua con la válvula de cierre principal (véase la página 23). Abra la llave para desaguar los tubos.

Cómo seleccionar una válvula de cierre. Cuando adquiera una válvula de cierre, necesitará decidir entre una válvula de ángulo

y una recta. Las válvulas de ángulo se utilizan cuando el tubo de alimentación llamado fragmento de salida, sale de la pared; las válvulas rectas se utilizan cuando los tubos salen del piso. Elija una válvula de globo en lugar de una válvula de compuerta (véase la página 22), es más confiable, más fácil de componer y a diferencia de una válvula de compuerta, puede controlar la cantidad de flujo de agua.

Hay un amplio surtido de partes y materiales. Seleccione la válvula de cierre que corresponda al tubo existente y que sea compatible en material. La tubería de cobre lleva válvulas de latón; el tubo de fierro y de plástico llevan válvulas de fierro y de plástico. Si los tubos no son compatibles se pueden utilizar conexiones de transición. Estas conexiones le permiten cambiar los materiales de la válvula y del tubo de enlace

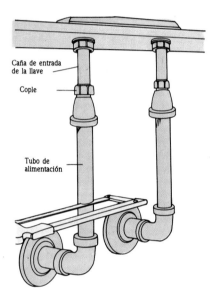

Figura 11. Con una sierra para cortar metal corte una sección del tubo de alimentación existente, después retire el tubo de alimentación de la caña de entrada de la llave.

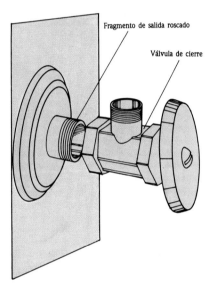

Figura 13. Atornille la válvula de cierre directamente al fragmento de salida roscado o a una conexión de transición.

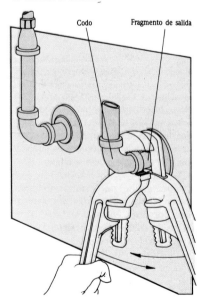

Figura 10. Utilice tubería flexible para conectar la válvula de cierre de un lavabo, inodoro, tina o regadera.

Figura 12. Quite el codo de un fragmento de salida de tubo galvanizado, utilizando la fuerza opuesta de dos pericos con las tenazas cubiertas con cinta de aislar.

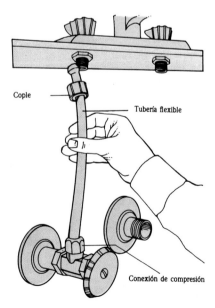

Figura 14. Conecte la válvula a la instalación apretando el cople y la conexión en la tubería flexible.

(por ejemplo, de tubo de fierro galvanizado a tubo de plástico). Si quedara a la vista, elija una válvula cromada.

También, el tipo de fragmento de salida que exista dictará el tipo de conexiones que requiera. Un tubo roscado, naturalmente necesita una válvula roscada; un fragmento de salida de cobre lleva una conexión que se pueda soldar (véanse las páginas 53-55) a un extremo y que se atornilla al otro.

Cómo seleccionar la tubería flexible. Los tramos de tubería flexible (véase la **figura 10**), algunas veces llamados conectores flexibles, ahorran el problema de unir piezas de tubo para conectar la válvula a la instalación. Los tubos de cobre sin cromar, de cobre cromado o de plástico se venden en una amplia variedad de largos, por lo tanto calcule el tamaño exacto que necesite.

La tubería flexible para fregadero o lavabo tiene una junta cilíndrica de hule en un extremo y es de 1/2 pulgada de diámetro; la tubería para un inodoro tiene una junta cónica larga en un extremo y un diámetro de 7/16 de pulgada.

A reserva de que compre un juego de piezas que contenga una válvula de cierre y el tubo ya ensamblado, deberá unirlos a base de una conexión ensanchada (véanse las páginas 48 y 55) o una conexión de compresión (véanse las páginas 48 y 55). Si opta por el juego completo de piezas, recibirá una válvula, la tubería flexible, las conexiones y las instrucciones.

Cómo remover el tubo de alimentación. Corte una sección de 12 mm (véase la **figura 11**) del tubo de alimentación cerca del codo. Si está trabajando con tubo de plástico o de cobre, utilice un cortador para tubo. Si es con tubo galvanizado, necesitará una sierra para cortar metal. Para retirar el tubo, destornille los coples de la caña.

Cómo separar el codo del fragmento de salida. Para aflojar el enlace en tubo galvanizado, utilice la fuerza opuesta de dos pericos con las tenazas cubiertas (véase la **figura 12**). Si está trabajando con tubo de cobre, destornille enlaces mecánicos o utilice un soplete para fundir las juntas soldadas (véase "Cómo remover el tubo de cobre",

página 53). El tubo de plástico se tiene que cortar. Quite todo lo que esté conectado al fragmento de salida.

Instalación de la válvula de cierre. Para colocar la conexión apropiada limpie y prepare el extremo, al descubierto, del fragmento de salida. Si este no está roscado, trate de soldarlo o pegue con cemento la conexión. Después de aplicar lubricante a la rosca atornille la válvula de cierre a la conexión o al tubo (véase la **figura 13**). Atornille la conexión con la mano, después para apretar utilice dos pericos con las tenazas cubiertas. Trate de dejar en línea la salida de la válvula directamente debajo de la entrada del mueble.

Cómo hacer la conexión. Corte y doble la tubería flexible para meter el extremo superior en la entrada del mueble y el extremo inferior en la salida de la válvula de cierre (véase la **figura 14**). Afiance el cople a la caña de entrada de la llave con la llave de lavabo. Afirme la conexión de compresión a la válvula con un perico ajustable.

Instalación de una segunda tarja

Afortunadamente, si decide añadir una segunda tarja al lado de una ya existente, las conexiones para las tarjas colocadas una junto a la otra se pueden hacer sin tener que romper la pared. La nueva tarja puede compartir el cespol y el tubo de desagüe de la tarja existente (véase la **figura a**), pero necesitará prolongar los tubos de alimentación de agua caliente y fría.

Advertencia: Antes de realizar cualquier trabajo, corte el agua con las válvulas de cierre de la instalación o con la válvula principal (véase la página 23). Abra la llave.

Para hacer esta instalación sólo se requieren unos cuantos pasos. Primero, sitúe la nueva tarja de manera que la perforación del desagüe no quede a más de 75 cm de distancia y no más de 15 cm arriba que la perforación de desagüe de la instalación existente. Sin embargo, cerciórese de poner en declive el tubo de desagüe (62 mm por cada 30 cm de longitud).

Quite el adapatador general de espiga del desagüe de la tarja existente e instale una conexión "T" de junta de resbalón encima del cespol. Tienda tubo de desagüe de la "T" de junta de resbalón hacia un codo a 90 grados de junta de resbalón en el nuevo adaptador general de espiga de la nueva tarja.

Quite las válvulas de cierre existentes e instale conexiones "T" detrás de éstas. Tienda tubos de alimentación nuevos (véase la página 64) desde las conexiones "T" hasta las válvulas de cierre de la nueva tarja. Después instale las válvulas de cierre originales como se indicó antes.

La instalación de la nueva tarja debe llenar los siguientes requisitos.

■ *El tubo de desagüe nuevo* debe entrar en el tubo existente por un punto lo suficiente bajo para que el desecho descienda.

■ *El declive del tubo de desagüe* no debe exceder a los 62 mm por cada 30 cm de tubo horizontal; si se excede, el agua se succionará del cespol.

■ *La nueva instalación* puede necesitar ventilación separada (véase la página 61).

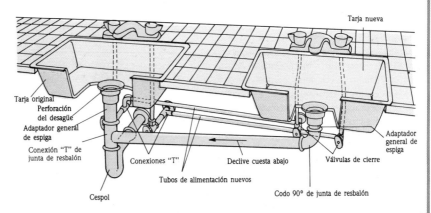

Tarja nueva
Tarja original
Perforación del desagüe
Adaptador general de espiga
Conexión "T" de junta de resbalón
Cespol
Conexiones "T"
Tubos de alimentación nuevos
Declive cuesta abajo
Codo 90° de junta de resbalón
Válvulas de cierre
Adaptador general de espiga

Figura a. Colocación de una tarja al lado de otra.

Reemplazo del lavabo instalado en la pared

¿Es tiempo de cambiar un lavabo dañado, pasado de moda o sin brillo? Encontrará que la tarea es más sencilla de lo que piensa.

Cómo seleccionar un lavabo. Cuando adquiera un lavabo, para instalar en la pared o en una cubierta (véase la siguiente página), encontrará una amplia variedad de materiales y configuraciones. Los materiales incluyen acero inoxidable, acero esmaltado, fierro fundido con capa porcelanizada, plástico y esmalte chino vítreo. Las configuraciones incluyen lavabos con una o dos tarjas en profundidades y formas diversas.

Todos los lavabos traen perforaciones de 10, 15 o 20 cm para montar la llave. En la mayoría de los casos, las llaves y las bridas del lavabo se deben colocar antes que éste.

Los lavabos instalados en la pared ya casi no se usan en plomería residencial, con tanta frecuencia de antes, sin embargo aún se puede encontrar en casas viejas. Si quiere cambiar de un estilo montado en la pared a un estilo instalado en una cubierta, vea las instrucciones de instalación en la siguiente página. Sin embargo, si necesita reemplazar un modelo instalado en la pared por un nuevo modelo instalado en la pared, las siguientes instrucciones le serán útiles.

Advertencia: Antes de realizar cualquier trabajo, cierre el agua con las válvulas de cierre de la instalación o con la válvula de cierre principal (véase la página 23). Abra la llave para desaguar los tubos.

Cómo quitar un lavabo instalado en la pared. Quite la llave como se indica en las páginas 67-68. Para desaguar lo restante en los tubos, destornille los coples de los tubos de alimentación de las cañas de entrada de la llave por debajo del lavabo. Remueva el cespol del adaptador general de espiga (véanse las páginas 24-25). Jale hacia arriba el lavabo (véase la **figura 15**) debe soltarse del soporte ya sea ménsula o pedestal. Si no es así, inspeccione el lavabo por debajo puede tener pernos que lo fijen a la pared. El pedestal sobre el cual puede estar apoyado el lavabo instalado en la pared seguramente estará atornillado, o lechado, al piso. Si es necesario, destornille y mueva de adelante hacia atrás para despegarlo del piso.

Cómo instalar un tablero de apoyo. Al instalar por primera vez un lavabo o para un lavabo ya instalado en la pared que necesita apoyo adicional, necesitará colocar en la parte de atrás un tablero de apoyo de madera de 2 por 6 o de 2 por 8 (véase la **figura 16**) entre dos travesaños de pared justo atrás del lavabo. Corte una muesca en los travesaños (véase la página 64) y clave o atornille en su lugar el tablero de apoyo; después ponga el acabado a la pared. Los soportes o ménsulas del lavabo se afianzan sobre de la superficie horizontal de la pared.

Cómo colocar los soportes. Los lavabos instalados en la pared están con soportes. Los lavabos con pedestal de estilo antiguo tienen sujetadores especiales que se atornillan a la pared. Consulte las instrucciones del vendedor para colocar apropiadamente el soporte en la pared.

Por lo general, el soporte deberá estar centrado, después se nivela, sobre el tubo de drenaje (véase la **figura 17**) a la altura deseada (de 77.5 cm a 95 cm sobre el piso). Afiance el soporte a la pared con tornillos de 3 pulgadas para madera.

Advertencia: Las ménsulas a ángulo pueden doblarse hacia abajo si se ejerce presión descendente. Para proporcionar mayor estabilidad instale patas de apoyo en la parte del frente del lavabo.

Cómo instalar el lavabo. Coloque la llave (véanse las páginas 67-69) y la brida del lavabo (véase la siguiente página). Con cuidado coloque el lavabo sobre el soporte. Algunos soportes tienen lengüetas salientes que entran en las ranuras debajo del canto posterior del lavabo. Las ménsulas se atornillan en la base.

Si el lavabo necesita patas de apoyo (véase la **figura 18**), afiáncelas al lavabo, después atornille descendentemente la sección ajustable de cada pata hasta que el lavabo quede nivelado. Selle la junta entre el lavabo y la pared con un poco de sellador. Conecte los tubos de alimentación de agua y el cespol, abra el agua, y apriete cualquier enlace o fuga.

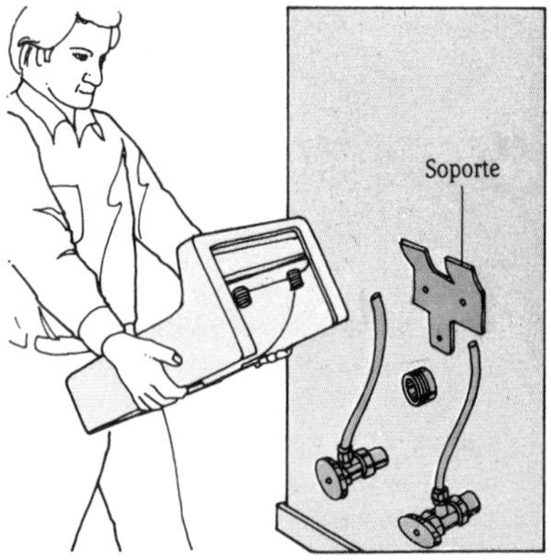

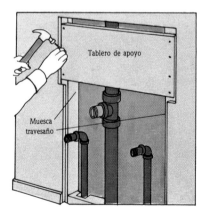

Figura 15. Jale hacia arriba el lavabo para sacarlo del soporte afianzado a la pared.

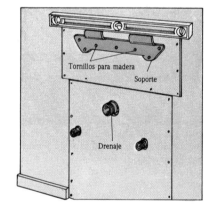

Figura 17. Coloque el soporte sobre el tablero de apoyo, centrado y nivelado directamente sobre el tubo de drenaje.

Figura 16. Clave el tablero de apoyo en la pared entre dos travesaños con muesca en el lugar donde planea instalar el lavabo.

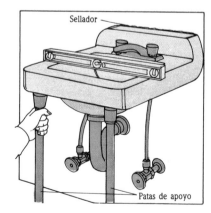

Figura 18. Ajuste las patas de apoyo hasta que el lavabo esté nivelado, después ponga un poco de sellador en la junta entre el lavabo y la pared.

Colocación de un lavabo instalado en una cubierta

El primo cercano del lavabo instalado en la pared es la tarja instalada en una cubierta, se coloca en una perforación especialmente cortada en un tocador de baño o contracubierta de cocina. La tarja instalada en una cubierta con reborde de armazón, con reborde propio o sin reborde (véase la **figura 19**) se sella a la contracubierta con abrazaderas o salientes y junta proel. Una tarja con reborde de armazón tiene alrededor un aro de metal que fija la tarja a la contracubierta. Una tarja con reborde propio tiene un traslape que se apoya en el canto del corte de la contracubierta. Sin embargo las tarjas sin reborde se suspenden por debajo de la abertura de la contracubierta y se sostienen en su lugar con abrazaderas metálicas.

Si va a reemplazar una tarja instalada en una cubierta, cerciórese de medir la perforación en la contracubierta y de llevar las medidas cuando la adquiera.

Una variación cada vez más popular de la tarja instalada en una cubierta es la tarja vaciada de una sola pieza con contracubierta

integral. Rápida de instalar, este tipo se coloca simplemente encima de un mueble y se fija por debajo.

Cómo remover la tarja original. Comience por cerrar el suministro de agua (véase la página 23), después desagüe y desconecte los tubos de alimentación (páginas 70-71) y el cespol (páginas 24-25). Remueva una tarja con reborde propio forzándola por debajo. Para que con las tarjas con reborde de armazón y sin reborde, quite las abrazaderas o salientes de la parte inferior. *Advertencia*: suspenda el peso de la tarja desde arriba o pida a otra persona que la sostenga mientras quita la última saliente. Después debe poder alzarla sin dificultad.

Cómo colocar la tarja. En una instalación nueva, trace una plantilla (véase la **figura 20a**) o el canto inferior del armazón (véase la **figura 20b**) en el punto exacto donde se asentará la tarja. Utilice una caladora para cortar la abertura de la contracubierta. Es mejor instalar la llave (véanse las páginas 67-69) y colocar la brida del lavabo antes de instalar la tarja en la contracubierta.

Cómo instalar la brida de la tarja. Las tarjas de fregadero, por lo general, tienen canastas en los desagües (véase la página 20); las tarjas de lavabo tienen desagües automáticos (véase la página 21) y bridas. Para instalar una brida, ponga un anillo de junta proel en derredor de la salida de agua. Presione la brida sobre la salida con la junta proel (véase la **figura 21**) y coloque la junta de hule, contracanasta y cuerpo de desagüe en la parte inferior de la brida. Atornille el adaptador general de espiga al cuerpo del desagüe.

Cómo fijar la tarja. Para una tarja con reborde de armazón, aplique un anillo de junta proel alrededor del canto superior de la tarja. Afiance el armazón al mueble, siguiendo las instrucciones del vendedor, algunos armazones se fijan con abrazaderas o salientes esquineros de metal (véase la **figura 22a**), otras con lengüetas metálicas de extensión que se doblan en derredor del borde de la tarja (véase la **figura 22b**). Limpie el exceso de junta proel.

Cómo afianzar la tarja. Antes de colocar una tarja instalada en una cubierta de cualquier estilo, aplique una tira de 12 mm de ancho de junta proel o silicón adhesivo a lo largo del borde de la abertura de la contracubierta. Coloque la tarja en la perforación y presiónela hacia abajo. Limpie el exceso. Afiance la tarja a intervalos de 15 a 20 cm (véase la **figura 23**), utilizando las abrazaderas o salientes. Conecte los tubos de alimentación y el cespol. Abra el agua y revise si hay alguna fuga.

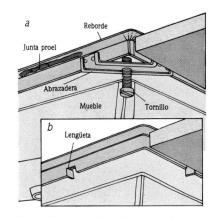

Figura 22. Afiance el reborde de armazón al borde del mueble con abrazaderas o salientes esquineros de metal (a) o con lengüetas de metal que se pueden doblar (b).

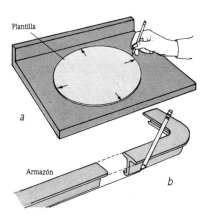

Figura 19. Estilos de tarja instaladas en una cubierta: con reborde propio (a), sin reborde (b), con reborde de armazón (c).

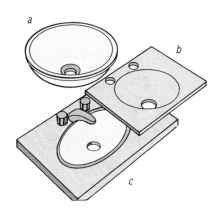

Figura 20. Marque el punto exacto donde se asentará la tarja, mediante trazar una plantilla (a) o la armazón de la tarja (b) sobre la contracubierta.

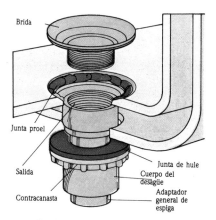

Figura 21. Presione la brida hacia abajo sobre la perforación de salida de agua con la junta proel y coloque las partes de unión por debajo.

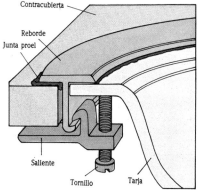

Figura 23. Afiance la tarja a cada 15 a 20 cm, según convenga, por abajo o utilice abrazaderas o salientes.

Reemplazo de llaves de tina, desviadores y cabezas de regadera

Al igual que las llaves de lavabo, las llaves de tina pueden ser de compresión (véase la **figura 24**) o de monomando (véase la **figura 25**). De cualquier manera, el agua está dirigida de la llave a la tina o a la cabeza de la regadera por medio de una válvula desviadora.

Advertencia: Antes de realizar cualquier trabajo, cierre el agua con la válvula de cierre principal (véase la página 23). Desagüe los tubos.

Cómo desarmar una llave de tina. Para desarmar la llave, consulte las páginas 13-18. Es un trabajo fácil excepto por que en una llave de compresión hay que sacar la tuerca con empaque. Para llegar a la tuerca, despostille la superficie de la pared y agarre la tuerca con una llave de dado profunda (véase la **figura 26**).

Cómo cambiar un desviador en el surtidor de tina. Éste desviador está en el surtidor de la tina y controla el chorro de agua cuando se levanta la perilla del vástago vertical.

Agarre el surtidor original con una llave "Stillson" con las tenazas cubiertas (véase la **figura 27**) y gírelo en sentido contrario al de las manecillas del reloj. Apriete con la mano el nuevo surtidor en su lugar.

Trabajar en una cabeza de regadera. Antes de decidir cambiar una cabeza de regadera que esté fugando, apriete todas las conexiones; si no detiene la fuga, cambie la arandela entre la cabeza de la regadera y el globo giratorio (véase la **figura 28**).

Si el problema es un flujo lento de agua, es probable que esté obstruido el filtro o la placa de recubrimiento de la cabeza de la regadera. Para mejorarlo, quite las partes y límpielas con un cepillo de dientes.

Cómo instalar una cabeza de regadera. Al igual que un surtidor de tina, una cabeza de regadera simplemente se atornilla con la mano en el fragmento de salida del brazo de la regadera. Antes de instalar una nueva cabeza de regadera, limpie la rosca del tubo y aplique lubricante para evitar fugas.

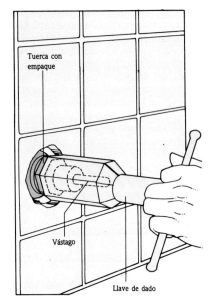

Figura 26. Llegue a la tuerca con empaque despostillando la pared adyacente hasta que pueda girar la tuerca con una llave de dado profunda.

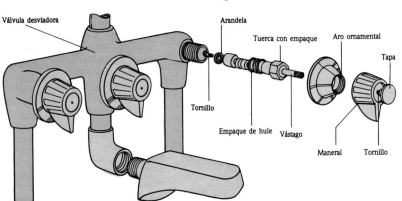

Figura 24. Llave de compresión de tina.

Figura 27. Quite el desviador del surtidor original de la tina agarrando, el surtidor con una llave "Stillson" y girándolo en sentido contrario al de las manecillas del reloj.

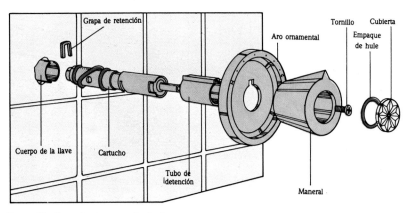

Figura 25. Llave de monomando de tina.

Figura 28. Para acabar con el problema de una cabeza de regadera que fuga, revise si no está desgastada la arandela cerca del globo giratorio.

Instalación de una regadera de teléfono

Una regadera de teléfono ofrece una manera fácil de añadir o cambiar una regadera sobre la tina, y le permite dirigir el agua donde le plazca. Hay un tipo de regadera de teléfono que se conecta directamente al desviador de la cabeza de la regadera; y hay otro tipo que es parte integral del surtidor de la tina.

Cuando vaya a comprar una regadera de teléfono encontrará gran variedad de modelos. Busque una que tenga partes de plástico en el rociador de la cabeza; éstas tienden a acumular menos capa de óxido y sedimento de agua que las de otros materiales. También, revise que la cabeza de la regadera se desarme con facilidad ya que necesitará desarmarla de vez en cuando para quitar los sarros o para cambiar las partes gastadas.

Advertencia: Antes de iniciar el trabajo, cierre el suministro del agua con las válvulas de cierre de la instalación o con la válvula de cierre principal (véase la página 23). Abra la llave para desaguar de los tubos toda el agua que sea posible.

Cómo fijarla a la cabeza de la regadera. Para iniciar, quite la cabeza de la regadera (véase la página 74) con unas pinzas cubriendo las tenazas para evitar maltratar el anillo que arma la cabeza de la regadera. Limpie la rosca del brazo con un cepillo de alambre y aplique lubricante.

Atornille la válvula desviadora en el brazo de la regadera. Para apretarla utilice dos pericos (véase la **figura 29a**) apriete hasta que el fondo del desviador quede volteado hacia arriba. Afiance la manguera de la regadera (de teléfono) a la salida de la cabeza de la regadera en el desviador. Después atornille la cabeza de la regadera original a la salida de la manguera de la regadera. Atornille la cabeza del rociador de teléfono a la manguera (véase la **figura 29b**). Abra el agua.

Cómo fijarla al surtidor de la tina. Para una regadera de teléfono que se coloca en el surtidor de la tina necesitará cambiar el surtidor original por uno que tenga una perilla en la válvula desviadora y una salida de manguera empotrada (véase la **figura 30**).

Comience por cambiar el surtidor original, como se indica en la página 74. Antes de conectar la manguera lubrique la rosca de la salida de la manguera de la regadera. Después simplemente conecte la cabeza del rociador de teléfono a la manguera. Para operar el desviador, levante la perilla del que está sobre el surtidor y oriente la cabeza del rociador.

Cómo instalar el colgador. La mayoría de las regaderas de teléfono incluyen algún tipo de colgador de pared para soporte. Coloque el colgador en la pared a una altura conveniente. Marque y taladre perforaciones para tornillo (véase la **figura 31a**); si no encuentra algún travesaño que aloje a los tornillos, utilice pernos "acodillados" (sujetadores para pared hueca) para afianzar el colgador (véase la **figura 31b**).

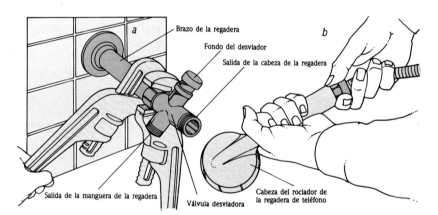

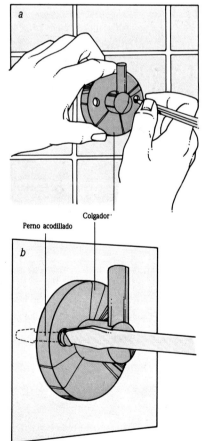

Figura 29. Atornille la válvula desviadora en el brazo de la regadera (a). Coloque la manguera de la regadera, después conecte la cabeza del rociador del teléfono a la manguera de la regadera (b).

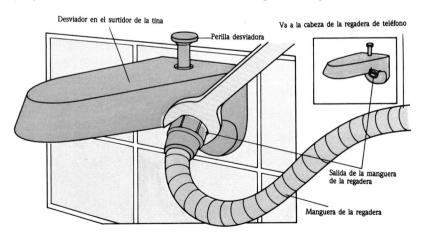

Figura 30. Instale un desviador en el surtidor de la tina en lugar del surtidor original para dirigir el agua a la cabeza de la regadera de teléfono.

Figura 31. Marque el punto donde colocará el colgador (a) e instálelo, utilice tornillos o pernos acodillados (b).

Instalación de una tina y una regadera

Ya sea que vaya a cambiar instalaciones viejas o esté comenzando desde el principio, las instalaciones de tina y regadera son trabajos complicados. Requieren planeación cuidadosa, trabajo de carpintería preciso y bastante tiempo. Sin embargo las ventajas bien valen la pena, en especial si va a añadir un baño extra que pondrá fin a los congestionamientos del baño matinal.

En las tiendas de artículos para baño encontrará una amplia variedad de tamaños, formas y materiales para complacer sus fantasías decorativas.

Tamaños y formas. Antes de comprar una tina, si se trata de una reposición, averigüe el tamaño de las tinas de tamaño regular. Una tina estándar mide 1.50 m de largo y 75 cm de ancho.

Las casetas con regadera también las hay en varios tamaños y formas, pero para que sea cómoda deben medir horizontalmente por lo menos 80 cm, medida antropométrica adecuada.

Materiales. Para las tinas, las opciones van desde hierro fundido con porcelana esmaltada a acero con porcelana también esmaltada y a fibra de vidrio; para las casetas podrá escoger entre metal ligero, fibra de vidrio moldeado, y paredes con azulejo combinando con la base de plástico moldeado. En la página 69 encontrará consejos sobre cómo mantener los diferentes materiales.

Cómo quitar una tina de baño empotrada

¡Son palabras mayores! y se requiere de mucha fuerza para demoler y desmontar paredes y pisos.

Advertencia: Antes de realizar cualquier trabajo, cierre el agua con las válvulas de cierre de la instalación o con la válvula de cierre principal (véase la página 23). Abra la llave para desaguar los tubos.

Para empezar, quite la placa del rebosadero, el desagüe automático o filtro (véanse las páginas 20-21), y el vertedero (véase la página 74) de la tina. Desconecte los tubos de alimentación y así como los tubos de desagüe.

Quitar el azulejo. Si lo hay en la pared o en el piso junto a la tina, suprímalo. Quite el azulejo y el yeso o la madera laminada de las paredes circundantes (véase la **figura 32**), dejando al descubierto varios centímetros de los travesaños en derredor de la tina.

Cómo sacar la tina. Si la tina es de acero, seguramente tendrá clavos o tornillos en la parte superior de la brida (borde), que la fija a su lugar. ¡Quítelos!

Una tina de hierro fundido es muy pesada, pero la puede sacar con un marro; una tina de acero es más ligera, pero la debe sacar completa. Si decide sacar una tina de hierro fundido intacta, planee que le ayuden a alzarla por lo menos cuatro personas. Para sacar la tina puede ser necesario desarmar puertas e inclusive algo de la decoración que tenía.

Instalación de una tina nueva

Una tina con agua es sumamente pesada. Considere conseguir ayuda profesional para que le haga el armazón y el soporte antes de instalar una tina nueva.

En derredor del canto superior, la tina tiene una brida continua que se coloca en los travesaños de la pared. También tendrá dos perforaciones precortadas: una para el desagüe y otra para el rebosadero. La llave, el surtidor y la cabeza de la regadera se instalarán en la pared de encima de la tina. La tubería, deberá estar instalada en su lugar y conectada antes de instalar la tina (véase la página 60).

Cómo colocar la tina. Bájela a su lugar de manera que la brida continua se apoye en los soportes de madera de 1 por 4 o 2 por 4. Afiáncela (excepto si es la de fierro fundido) a los soportes clavando o atornillando a través de las bridas hacia los travesaños.

Cómo conectar la tina. Luego, haga los enlaces del ensamble del drenaje (véanse

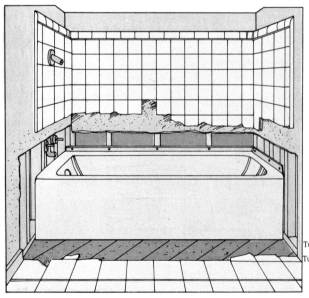

Figura 32. Para sacar una tina, quite los materiales de las superficies adyacentes, tales como azulejos, del piso y paredes circundantes, deje al descubierto el firme del piso y los travesaños de la pared.

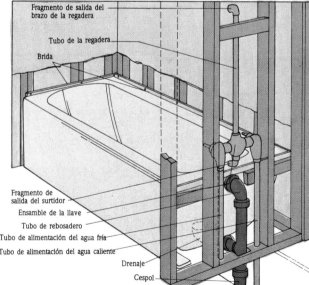

Fragmento de salida del brazo de la regadera

Tubo de la regadera

Brida

Fragmento de salida del surtidor

Ensamble de la llave

Tubo de rebosadero

Tubo de alimentación del agua fría

Tubo de alimentación del agua caliente

Drenaje

Cespol

Figura 33. Cuando haga la instalación de plomería de la tina, cerciórese de conectar el tubo de rebosadero al drenaje por encima del cespol.

las páginas 24-25 y 29) a través de una puerta de acceso en un cuarto o pasillo colindante, o a través de una abertura desde abajo. El rebosadero de la tina se debe conectar con el drenaje de la tina sobre el cespol, no más allá de éste (véase la **figura 33**). Tenga cuidado de no apretar en exceso las tuercas.

Antes de poner el acabado a la pared, abra la presión del agua y asegúrese de que no hay alguna fuga en los tubos sanitarios ni en los hidráulicos. Utilice madera laminada para pared resistente a la humedad como base para el recubrimiento a prueba de agua de la pared; selle todas las juntas entre la tina y la pared con sellador de silicón como precaución contra el agua, véase la página 28. Complete el trabajo instalando el surtidor, los manerales de la llave y la cabeza de la regadera.

Estilos de casetas para regadera

Cuando vaya a comprar una caseta para regadera, observe las siguientes consideraciones.

Las unidades ligeras de fibra de vidrio (véase la **figura 34**a), conocidas como regaderas cercadas por paredes, son las más fáciles de manejar; se pueden instalar rápidamente en su lugar y se fijan al armazón. También son fáciles de conservar limpias, gracias a su superficie lisa y a las esquinas redondeadas.

Las casetas para regaderas metálicas (véase la **figura 34**b), desapareciendo rápidamente del escenario de la plomería, están fabricadas de estaño o acero inoxidable. El estaño no es caro pero es extremadamente ruidoso debido a la vibración. Las casetas de acero inoxidable son más caras y lucen mejor, pero si no se secan, el agua acaba por mancharlas.

Las casetas con paredes recubiertas de azulejo (véase la **figura 34**c) tienen una base vaciada que se asienta sobre un firme a prueba de agua. El recubrimiento de cerámica puede estar colocado individualmente o en tramos previamente preparados.

Añadir una caseta para regadera

Primero construya un armazón para alojarla, con regadera. Ponga especial cuidado al tomar las medidas exactas y al hacer la armazón cuadrada y nivelada. Tienda tubos de alimentación y de desagüe hacia la localización planeada e instale la llave, el surtidor, la cabeza de la regadera y el drenaje.

Cómo colocar la caseta. Colóquela en su lugar. Cerciórese de leer las instrucciones de instalación, ya que la instalación de las casetas varía. Afiance la caseta igual que una tina, clavando la brida a los travesaños.

Cómo hacer los enlaces en la caseta. Haga hoyos en la superficie de la caseta para el ensamble de la válvula de la regadera y el fragmento de salida del brazo de la regadera (véase la **figura 35**). De nuevo, consulte las instrucciones de instalación para verificar la localización exacta y la información de cómo hacer el enlace.

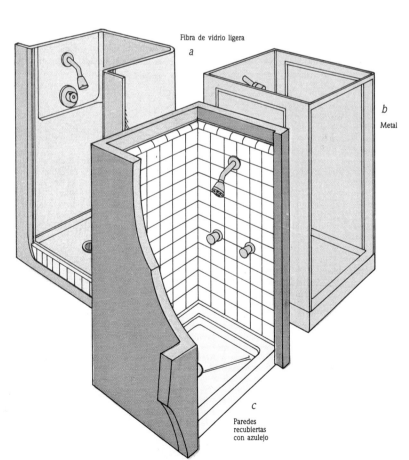

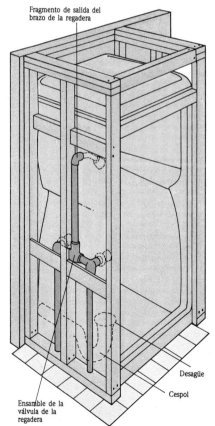

Figura 34. Los tipos de casetas para regadera incluyen la ligera de fibra de vidrio (a), de estaño o de acero inoxidable (b), y las unidades con paredes recubiertas con azulejo (c).

Figura 35. Cuando haga el tendido de la plomería para la caseta, tienda los tubos de alimentación para el ensamble de la válvula de la regadera y para el fragmento de salida del brazo de la regadera.

Reemplazo de un inodoro

Si desea cambiar un inodoro, le agradará saber que reemplazarlo es trabajo de una tarde y que puede hacerlo usted mismo. Instalar un inodoro en un lugar nuevo es otra cosa, debido a la necesidad de prolongar los tubos hidráulicos y sanitarios (véanse las páginas 60-65). Puede pedir a un profesional que tienda los tubos hacia el lugar deseado y después haga usted la instalación.

Cómo escoger un inodoro. Cuando vaya a comprar uno, encontrará muchos modelos instalados en la pared y sobre la taza, que ahorran agua, para baldear, con cespol de retroceso y con surtidor de sifón. Estos modelos son intercambiables.

Determinar la distancia para su instalación. De manera distinta a los requisitos del reglamento para un nuevo inodoro, la única dimensión crucial que hay que considerar cuando se instala un inodoro es la distancia de la pared al centro del tubo de drenaje.

Por lo general puede determinar la distancia de instalación sin quitar la taza; sólo se mide de la pared al centro de los dos pernos que detienen y afianzan la taza al piso. (Si la taza tiene cuatro pernos de sujeción, mida hacia los de atrás.)

La distancia de instalación para el nuevo inodoro puede ser más corta que la distancia al mueble original, pero no puede ser mayor ya que de lo contrario no se podrá instalar el nuevo inodoro.

Partes que debe adquirir. Escoja un modelo completo listo para instalar, que incluya un mecanismo de descarga en el tanque. Con el inodoro, recibirá las juntas, arandelas y demás accesorios para acoplar el tanque a la taza, pero puede ser necesario comprar los pernos de detención y una junta de cera.

También, compre una lata de junta proel para afianzar la base del inodoro al piso, y los casquetes que cubrirán los pernos. Por último, si el inodoro original no tiene válvula de cierre, considere instalarle una (véanse las páginas 70-71).

Cómo desconectar el suministro de agua. Primero corte el agua con la válvula de cierre de la instalación o con la principal (véase la página 23). Para vaciar la taza y el tanque, descargue el inodoro dos veces. Seque el agua restante. Destornille el cople de la tubería flexible (véase la **figura 36**) en la parte inferior del tanque. Si la tubería flexible está ensortijada o corroída, cámbiela por tubería nueva flexible.

Cómo remover el tanque. Si tiene un inodoro instalado sobre la taza, destornille el tanque vacío sobre la taza (véase la figura 37a), mientras destornilla desde abajo la tuerca con una llave para tuercas, sostenga con un destornillador el perno de montaje dentro del tanque.

Si el tanque está instalado en la pared (véase la **figura 37b**), utilice una llave de lomo para aflojar los coples en el tubo que conecta el tanque a la taza. Quite el tubo y destornille los pernos del soporte que sujetan el tanque a la pared. Si el inodoro de reemplazo no es para instalar en la pared, quite las ménsulas de soporte.

Cómo remover la taza. Retire los casquetes de los pernos de sujeción y quite las tuercas con un perico ajustable. Si las tuercas de los pernos están oxidadas, remójelas con aceite "afloja todo" o corte los pernos con una sierra para metal.

Mueva suavemente la taza de un lado a otro para romper el sello entre la taza y el piso. Alce la taza (véase la **figura 38**), conservándola nivelada. Meta un trapo en el tubo de drenaje para eliminar los desagradables olores del albañal y para evitar que penetre basura en el orificio abierto.

Cómo preparar la brida del piso. Con una espátula raspe la junta de cera (véase la **figura 39**) y quite los pernos de detención de la brida del piso. Raspe completamente la brida para evitar fugas en la base de la nueva taza.

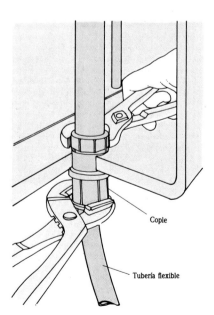

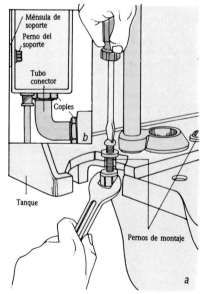

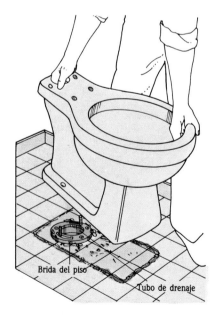

Figura 36. Afloje el cople de la tubería flexible en la parte inferior del tanque, con dos pinzas.

Figura 37. Separe el tanque de la taza aflojando los pernos de montaje (a) o destornillando los coples (b).

Figura 38. Alce la taza separándola de la brida del piso, manténgala nivelada para evitar que se derrame el agua restante.

Revise la brida del piso observe si está deteriorada. Si está rajada o rota, o si sólo quiere tomar precauciones contra problemas posteriores, cámbiela por una brida de cobre o de plástico que se pueda soldar o pegar con cemento en su lugar. Unte con junta proel los nuevos pernos para el piso e insértelos a través de la brida. Ajuste los pernos de manera que queden en el centro del tubo del drenaje.

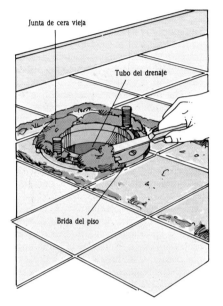

Figura 39. Raspe completamente la junta vieja de la brida del piso, use una espátula o una herramienta similar.

Cómo instalar la junta de cera. Sobre una superficie acolchonada ponga al revés la nueva taza. Coloque la nueva junta de cera (véase la **figura 40**) sobre el cuerno del inodoro (salida) en la parte inferior de la taza. Aplique junta proel en el canto inferior de la taza.

Cómo colocar la taza. Saque el trapo del tubo de drenaje. Sobre la brida baje suavemente la taza a su lugar usando los pernos de guía. Presione con firmeza hacia abajo, balanceándolo ligeramente.

Ponga derecha la taza, revise con un nivel (véase la **figura 41**), y utilice piezas delgadas de metal para calzar la taza donde sea necesario. Con la mano apriete las arandelas y las tuercas de los pernos.

Cómo fijar el tanque. Coloque la junta de hule en la abertura de la válvula de descarga (véase la **figura 42**) en el fondo del tanque. Coloque el colchón de hule del tanque en la parte trasera de la taza. Coloque el tanque sobre la taza y apriete las tuercas y las arandelas de los pernos de montaje.

Con un perico ajustable apriete las tuercas de sujeción de la base de la taza. Revise que la taza siga nivelada. Rellene los casquetes con junta proel y colóquelos sobre los extremos de los pernos. Selle la base de la taza del inodoro al piso con sellador.

Cómo conectar el suministro de agua. Si el fragmento de salida del suministro de agua sale de la pared y el nuevo tanque queda más bajo que el original, instale una conexión de codo en el fragmento de salida. Utilice dos niples roscados de 10 a 15 cm de longitud y un segundo codo para conectar la válvula de cierre a la tubería flexible (véase la **figura 43**). Afiance la tubería flexible a la parte inferior del tanque.

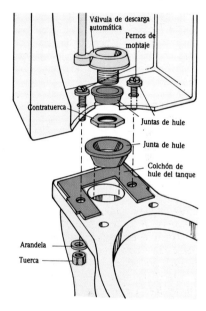

Figura 42. Fije el tanque a la taza con los pernos de montaje; de antemano coloque en su lugar la junta de hule y el colchón de hule.

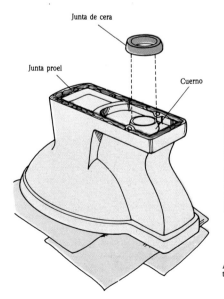

Figura 40. Coloque la nueva junta de cera sobre el cuerno del inodoro en la parte inferior de la taza.

Figura 41. Una vez que esté en su lugar la taza nivélela y si es necesario, calce la taza con pedazos chicos de metal.

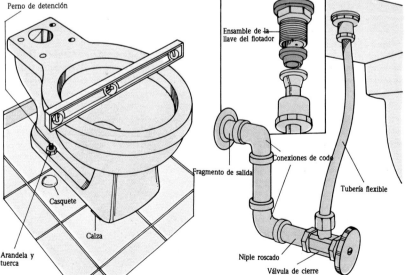

Figura 43. Afiance la válvula de cierre a la tubería flexible, para fijar la altura del tubo utilice codos conectores y niples.

Consejos para ahorrar agua

Ahorrar agua en la casa puede ser tan sencillo como darse duchas más cortas o tan complicado como instalar un nuevo inodoro del tipo de válvula de descarga. Para obtener los mejores resultados, debe planear hacer una combinación entre los cambios en los hábitos del uso de agua y la adición de una serie de baratos dispositivos para ahorrar agua, y, quizás, si su presupuesto lo permite, instalar inodoros, lavaplatos y lavadoras de ropa especiales con ahorradores de agua.

Cambio en los hábitos del uso de agua

Cambiar los hábitos de uso en toda la casa es la forma más rápida y fácil de comenzar

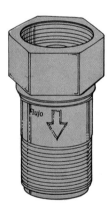

Figura a. Controlador de flujo para llave.

a ahorrar agua. Lo mejor de todo es que no cuesta nada. En el baño, donde se usa tanto como 75% del agua de la casa, las duchas pueden ser más cortas y los baños de tina sin tener que llenarla. En la cocina, enjuague los platos en una tina en lugar de bajo el chorro de agua, y use sólo el lavaplatos cuando tenga la carga completa. En el área de la lavandería, sólo use la lavadora en el ciclo de carga completa.

Reparar las fugas

No importa que sea cosa de tapar hoyos diminutos o cambiar una arandela, reparar las fugas es un ahorro de agua que no debe pasarse por alto. Revise regularmente las llaves, los tubos, las instalaciones y los aparatos eléctricos que utilicen agua. (Puede usar el medidor de agua para detectar fugas; véase la página 10.) Si encuentra una fuga, de inmediato improvise composturas (véanse las páginas 12-45), y después haga las composturas definitivas de preferencia contratando un plomero.

Colocación de dispositivos para ahorrar agua

Puede equipar llaves, cabezas de regadera e inodoros con dispositivos para ahorrar agua los cuales ofrecen una manera fácil y no cara de reducir los recibos de agua sin cambios importantes en el uso.

Los dispositivos de control de flujo para llave reducen el flujo entre 18.93 y

30.28 litros por minuto a alrededor de 15.14 por minuto, conservando la fuerza de rociado. Los ahorros de agua en estas llaves pueden variar de 3.78 a 15.14 litros por minuto. En algunas llaves nuevas ya están incorporados los controles de flujo (véase la **figura a**).

Las medidas de control de flujo para regadera incluyen las conexiones que se instalan en las cabezas de regadera estándar (vease la **figura b**), y también las nuevas cabezas de regadera de "poco flujo" diseñadas especialmente para ahorrar agua. En ambos casos el flujo del agua se reduce unos 11.34 litros por minuto (en comparación con los 18.93 a 30.28 litros por minuto en una cabeza de regadera regular). Y ya que gran parte de esa agua es agua caliente, se ahorra una cantidad proporcionalmente importante de energía.

Las válvulas mezcladoras (véase la **figura c**) le permite mezclar agua caliente con fría en la regadera a un punto preestablecido. Ahorra tanto agua como energía porque la temperatura siempre está exactamente donde se fija, incluso si cierra la regadera durante un minuto.

Las válvulas de descarga automática de dos sentidos (**figura 60b**, página 33) pueden reducir la cantidad de agua que se utiliza en una descarga, dependiendo de si se mueve hacia arriba o hacia abajo el maneral de descarga. Dentro del tanque, se levanta el tapón alto del tanque para proporcionar una descarga parcial (vaciando sólo parte del tanque) o se levanta el tapón bajo del tanque para proporcionar una descarga completa.

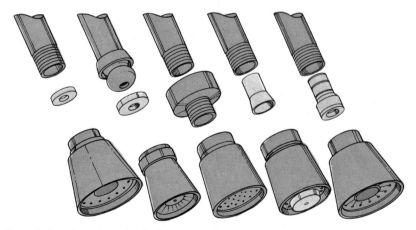

Figura b. Conexiones de control de flujo para regadera.

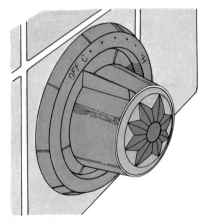

Figura c. Válvula de mezcla termostática.

Los diques en inodoros y los dispositivos de desplazamiento reducen las demandas de descarga de los inodoros. Se pueden colocar tanto diques, piezas rectangulares de metal recubierto de plástico o hule insertados verticalmente en el tanque del inodoro (véase la **figura d**), como botellas de plástico de desplazamiento (véase la **figura e**) para ahorrar de 1.89 litros a más de 7.57 litros por descarga. Un inodoro estándar usa 18.93 a 26.50 litros por descarga.

Instalar muebles de baño y aparatos eléctricos que ahorran agua

Los siguientes muebles de baño y aparatos eléctricos le ahorrarán en el recibo de agua.

Los inodoros con cespol poco profundo se ven como los inodoros normales excepto por dos características: el tanque es más chico y el cespol del agua (pasaje) es poco profundo (véase la **figura f**). A pesar de que se utiliza el 50 por ciento de agua para iniciar la acción de sifón, la limpieza es la misma que la de un inodoro de modelo convencional.

Los inodoros del tipo válvula de fluxómetro (utilizados por lo general en edificios comerciales, carecen de tanque, sólo un maneral de descarga en la parte posterior de la taza. Tienen un ensamble especial de válvula de fluxómetro (véase la **figura g**). La acción de limpieza en la taza se produce mediante dirigir la presión del agua del tubo de alimentación, a unas 40 libras por pulgada cuadrada en 1.89 litros por segundo. Con ciclos preestablecidos más cortos y un tiempo de recuperación más rápido; estos modelos presentan menos problemas de agua, cuando corre continuamente. El ahorro de agua va de 3.78 a 11.34 litros por descarga. Debido a que requiere un tubo de alimentación de agua de 1 pulgada en lugar del tubo promedio de 1/2 pulgada, es más práctico instalar estos inodoros en construcciones nuevas que como parte de un proyecto de remodelación.

Las lavaplatos y las lavadoras de ropa ahora cuentan con ciclos más cortos. Si no le gusta esperar juntar los suficientes platos o ropa sucia para la carga completa, elija un modelo que tenga ciclos de lavado más cortos.

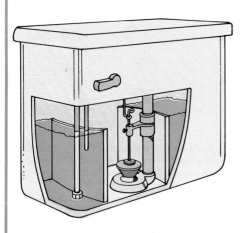

Figura d. Dique para inodoro.

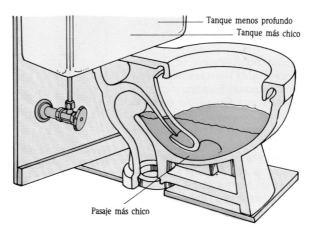

Figura f. Inodoro con cespol poco profundo.

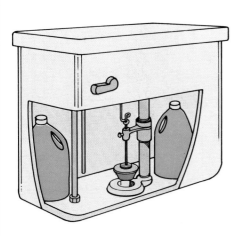

Figura e. Botellas de plástico de desplazamiento.

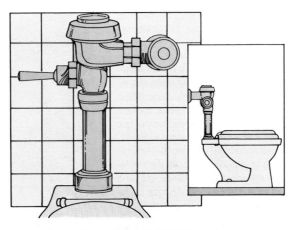

Figura g. Ensamble de válvula de fluxómetro.

Instalación del lavaplatos

Si está listo para instalar su primer lavaplatos o necesita cambiar uno ya usado, puede hacer la parte de plomería de la instalación. Sin embargo para hacer las conexiones eléctricas es conveniente llamar a un profesional.

Un lavaplatos empotrado requiere de una conexión de tubo de alimentación de agua caliente (no es necesario de agua fría), una conexión de tubo de drenaje y una de ventilación.

A veces se requieren permisos e inspección para instalar los lavaplatos.

Cómo conectar al tubo de alimentación. Comience por cerrar el suministro del agua (véase la página 23) y drenar el tubo de alimentación de agua caliente al cual planea hacer el enlace. Corte el tubo e instale una conexión "T", como se indica en la página 63, o una válvula especial triple.

Tienda tubería flexible desde la "T" (véase la **figura 44**) hasta la válvula de entrada de agua al lavaplatos. Instale una válvula de cierre (véanse las páginas 70-71) en el tubo de alimentación del lavaplatos.

Cómo conectar el desagüe en el cespol del fregadero. El lavaplatos puede desaguar en el cespol del fregadero o en un triturador de basura. Para utilizar el drenaje del fregadero, necesitará comprar una conexión "T" sanitaria roscada (véase la **figura 45**).

Para instalar la "T" sanitaria, quite el adaptador general de espiga del fregadero (véanse las páginas 24-25) e inserte la conexión sanitaria en el cespol. Afiáncela apretando el cople del cespol. Corte el adaptador general de espiga de manera que se adapte entre la canasta del fregadero y la conexión "T" sanitaria. Vuelva a colocar el adaptador general de espiga y junte con una abrazadera la manguera de desagüe del lavaplatos a la conexión "T" sanitaria.

Cómo conectar el desagüe en el triturador de basura. Si tiene, o está instalando, un triturador de basura la manguera de desagüe del lavaplatos se le conecta, (véase la **figura 46**). Para hacer el enlace, comience por bajar el interruptor de electricidad que va al triturador. Con un destornillador desactive el botón de bloqueo de servicio dentro de la conexión sanitaria para el lavaplatos del triturador. Afiance con una abrazadera la manguera de desagüe del lavaplatos a la conexión.

Cómo ventilar la lavadora de platos. En la parte superior del lavaplatos haga una lazada gradual con la manguera de desa-

güe, para evitar un retroceso del agua usada hacia el lavaplatos. Cerciórese de no limitar la manguera con la lazada.

Algunos reglamentos locales exigen que se instale un "cojín" de aire (véase la página 41) en lugar de hacer una lazada en la manguera de desagüe.

Cómo terminar la instalación. Deslice en su lugar el lavaplatos. Haga los enlaces de los tubos hidráulicos y sanitario (véase la **figura 47**) según las instrucciones del fabricante.

Una vez que estén hechos los enlaces, nivele el lavaplatos ajustando la altura de las patas. Asegure la unidad por el lado inferior de la cubierta con los tornillos que se le proporcionen. Por último, restaure la presión del agua y revise si hay alguna fuga.

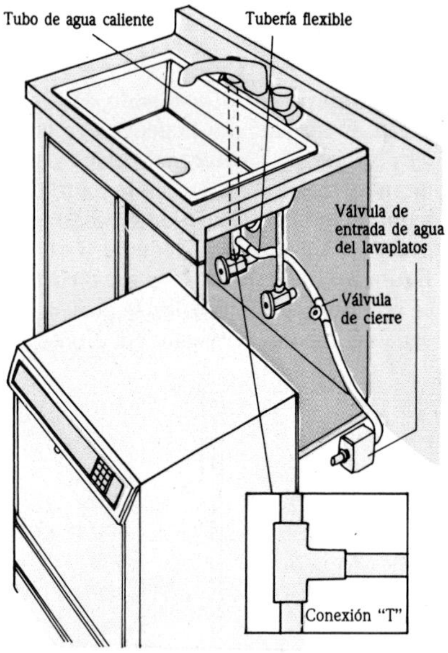

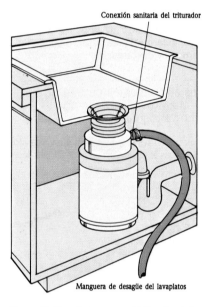

Figura 44. Instale una conexión "T" en el tubo de alimentación de agua y tienda tubería flexible desde la "T" hasta el lavaplatos.

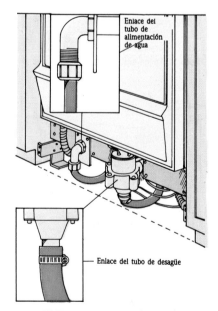

Figura 46. Para desaguar por el triturador de basura, conecte la manguera de desagüe del lavaplatos a la conexión sanitaria del triturador.

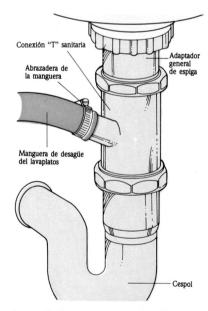

Figura 45. Coloque una conexión "T" sanitaria roscada arriba del cespol en el cual se desaguará el agua sucia del lavaplatos.

Figura 47. Haga los enlaces hidráulico y sanitario según se especifica en las instrucciones del fabricante para el modelo de lavaplatos.

Instalación de un triturador de basura

Los trituradores de basura han probado ser dispositivos eficientes que ahorran trabajo, engullen casi cualquier cosa que se les introduzca. Los trituradores se han convertido en implementos de cocina necesarios, y con buena razón. ¿Qué mejor manera de deshacerse rápido y fácilmente de los desechos de comida? Los trituradores de ahora son silenciosos, eficientes y virtualmente no dan problemas.

Antes de instalar un triturador, revise los reglamentos de su área para comprobar si hay algún tipo de restricción. En la página 40 se presentan consejos sobre cómo arreglar y cuidar el triturador de basura.

La instalación toma unas cuantas horas, pero el trabajo no es muy difícil. La mayoría de las unidades se ajustan a las salidas de desagüe estándar de 3 $\frac{1}{2}$ o 4 pulgadas de los fregaderos de cocina y se instalan en cierto modo como una contracanasta de fregadero. Sin embargo como todos los aparatos, los trituradores varían según la marca.

Hacer la instalación de plomería de un triturador abarca alterar el cespol del fregadero para meter la unidad. Algunos modelos traen alambrado directo que debe conectar un electricista especializado. Otros trituradores incluyen una clavija que requiere de una salida de 120 voltios con tierra debajo del fregadero, lo cual representa también trabajo para un experto en electrónica.

Si va a reemplazar un triturador, antes de quitar el triturador baje la luz, y luego desconecte la unidad o bien desconecte el alambrado. Siempre sea extremadamente cauteloso cuando trabaje en combinación de plomería con electricidad, el agua y los voltios no se mezclan y son muy peligrosos.

Con el triturador obtendrá instrucciones detalladas de instalación, no obstante aquí se presentan los pasos típicos que hay que seguir cuando se instala.

Cómo remover la contracanasta del fregadero. Desconecte el adaptador general de espiga y el cespol (véanse las páginas 24-25) de la contracanasta del fregadero. Desmonte la canasta (véase la página 20) y retírela del fregadero. Quite la junta proel o las juntas de sello viejas de alrededor de la abertura.

Cómo instalar el ensamble de montaje. El triturador suele traer consigo la propia brida para fregadero y el ensamble de armado. Coloque un aro de junta proel alrededor de la abertura del fregadero y asiente la brida sobre la junta. Después, trabaje por debajo, deslice la junta, los anillos de montaje y el anillo de presión (véase la **figura 48**) en el cuello de la brida del fregadero. El anillo de presión se debe asentar firmemente en una ranura en la brida del fregadero del triturador para sostener temporalmente las piezas en su lugar.

Apriete de manera uniforme los tornillos ranurados en los anillos de montaje hasta que la junta quede bien apretada contra la parte inferior de la brida. Quite el exceso de junta proel que rodea la brida.

Cómo afianzar el triturador. Conecte el codo sanitario al triturador. Ponga en línea los hoyos de la brida del triturador con los tornillos ranurados de los anillos de montaje.

Gire el triturador de manera que el codo sanitario quede en línea con el tubo del drenaje (véase la **figura 49**). Apriete firmemente las tuercas de los tornillos ranurados para asegurar un buen sello.

Cómo conectar al drenaje. Meta un cople y una arandela en el codo sanitario (véase la **figura 50**), después afiance el cespol al codo sanitario. Añada una conexión de codo en el otro extremo del cespol para que se adapte al tubo del drenaje. A veces hay que cortar el codo para hacer la conexión.

Haga correr agua a través del triturador para ver si hay alguna fuga. Apriete cualquier conexión floja si la hay.

Conexión eléctrica del triturador. La última parte de la instalación requiere de conocimientos de electrónica. Lo mejor es llamar a un electricista para que haga el tendido de alambres desde una fuente de electricidad hacia una salida debajo del fregadero y hacia el botón de encendido/apagado del triturador.

Si usted realiza el trabajo, cerciórese de cortar la energía antes de comenzar. También, revise que la unidad haga tierra apropiadamente antes de reconectar. Como ayuda, véase el libro sobre *Electricidad doméstica básica de Sunset.*

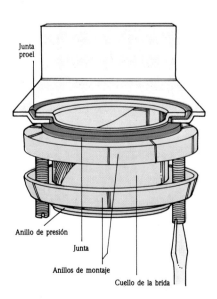

Figura 48. Coloque los anillos de montaje, con la junta y el anillo de presión, en la brida del fregadero y apriete los tornillos.

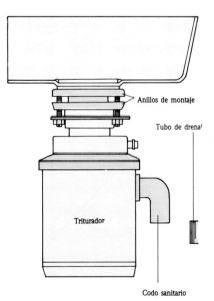

Figura 49. Ponga en línea el codo sanitario en el triturador de manera que quede directamente frente al tubo del drenaje.

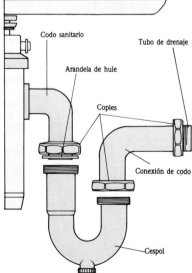

Figura 50. Conecte el cespol al codo sanitario del triturador y a la conexión de codo al tubo de drenaje.

Instalación de un generador de agua caliente

¿Le parecería práctico un aparato eléctrico empotrado que surtiera en un instante agua caliente y emitiera vapor, para café, té o sopa? Un generador de agua caliente se instala en el fregadero o en la contracubierta de la cocina, elimina la necesidad de hervir agua cada vez que quiera beber algo caliente, y ahorra energía.

Estos generadores, fáciles de instalar, tienen una llave de acero inoxidable que se conecta a un tanque de almacenamiento bajo algún mueble. El tanque, conectado al tubo de agua fría más cercano, tiene una espiral de calefacción eléctrica que mantiene el agua alrededor de 200°, temperatura 50° más alta que la que produce un calentador de agua promedio.

La unidad se debe conectar a una salida eléctrica de 120 voltios con tres hilos instalada debajo del fregadero. Algunos modelos se alambran directamente a un receptáculo eléctrico con tierra, y deben tener un interruptor que le permita apagar el calentador del tanque.

Advertencia: El surtidor del generador de agua caliente, el agua que sale de éste, y el tanque de almacenamiento siempre están a muy altas temperaturas.

Cómo instalar un generador de agua caliente. Comience por decidir en qué lugar quiere colocar la unidad. Comúnmente, la llave se coloca en una perforación en la parte posterior del reborde del fregadero o se instala directamente en la contracubierta. Para la segunda opción, se taladra una perforación de 3.12 cm de diámetro en la contracubierta cerca de la llave de agua fría. Siguiendo las instrucciones del fabricante, se fija la llave del generador por abajo del fregadero (véase la **figura 51**). Por lo general, para sostener la llave sólo se necesita apretar una tuerca de orejas o "mariposa" con arandelas.

Cómo instalar el tanque. Atornille el soporte del tanque a la pared o al respaldo del mueble (véase la **figura 52**) verifique que esté a plomo. Debe estar colocado aproximadamente a 35 cm debajo del lado inferior de la contracubierta. A continuación, coloque el tanque en el soporte.

Instalación de la conexión "T". Antes de hacer la instalación de plomería de la unidad, cierre el agua (véase la página 23) y desagüe los tubos. Muchos generadores cuentan con válvula roscada. Si su generador no la trae, y si los reglamentos lo permiten, conecte al tubo de agua fría con una conexión "T" con abrazadera (véase la **figura 53a**). Para hacerlo, se afianza con una abrazadera la conexión al tubo de alimentación, después se taladra un hoyo en el tubo.

Si en su área no se permite el uso de las conexiones "T" con abrazadera use una conexión "T" estándar e instale una válvula de cierre y una conexión adaptadora (reductora) (véase la **figura 53b**).

Cómo hacer el enlace. Con las tuercas de compresión que debe traer la unidad, conecte el tubo de alimentación de agua a la entrada del tanque de almacenamiento del generador, y otro del tanque al tubo de alimentación de agua fría (véase la **figura 54**). Suelte el agua y revise los enlaces.

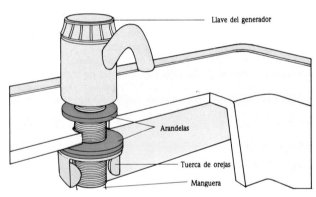

Figura 51. Afiance la llave del generador por debajo del fregadero, apriete la tuerca de orejas y las arandelas en el ensamble del generador hasta que quede firme. Siga las instrucciones del fabricante.

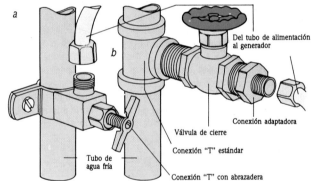

Figura 53. Conecte en el tubo de agua fría con una conexión "T" con abrazadera (*a*) o con una conexión "T" estándar y una válvula de cierre (*b*).

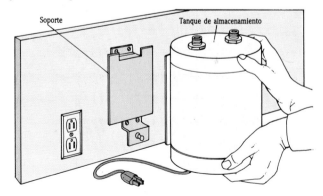

Figura 52. Fije el soporte del tanque con tornillos para madera a la pared o al mueble; revise que esté a plomo. Instale el tanque de almacenamiento en el soporte.

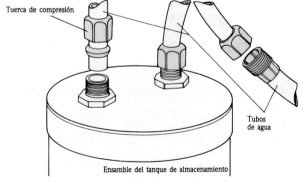

Figura 54. Conecte los tubos de agua entre el tanque de almacenamiento y el generador, y entre el tanque y el tubo de alimentación.

Instalación de una lavadora de ropa

Colocar los enlaces de plomería necesarios para una lavadora de ropa es una tarea bastante directa. Actualmente la mayoría de los reglamentos de construcción piden que las unidades residenciales nuevas tengan instalados ya los tubos de enlace, pero si vive en una casa que nunca ha tenido lavadora, usted mismo puede hacer el enlace de plomería.

Preparación de los tubos sanitarios e hidráulicos

Necesitará tender tubos de alimentación de agua fría y caliente hacia la localización deseada. Además, cada tubo de alimentación necesita una válvula de cierre (véanse las páginas 70-71) y una cámara de aire (véase la página 45) para evitar la resonancia.

Para comenzar, localice y desagüe los tubos de agua caliente y los de agua fría más cercanos. Los tubos del sistema hidráulico para una lavadora automática por lo general son de 1/2 pulgada de diámetro. Revise el reglamento local y también las instrucciones del fabricante antes de instalar los tubos de alimentación. Prolongue los tubos (véanse las páginas 60-64) hasta el punto deseado justo arriba de la lavadora e instale una conexión "T" en el extremo de cada tubo.

Si no hay un fregadero o lavadero cerca, necesitará desaguar la lavadora en un tubo de drenaje especial conocido como vertical, tubo de 2 pulgadas de diámetro con un cespol empotrado que se conecta al tubo de drenaje más cercano.

Disminuir la resonancia en los tubos

Coloque cámaras de aire (véase la **figura 55**) a las conexiones "T" en los tubos de agua caliente y fría para reducir el golpe de ariete, el cual es ruidoso y destructivo. Algunos fabricantes recomiendan que las cámaras de aire (véase la página 45) sean de un tubo de diámetro mayor que los tubos de alimentación mismos y que las cámaras sean de 60 cm de largo, de $1^{1}/_{2}$ a 2 veces más largas que las ordinarias.

Selección de las válvulas de cierre

Prolongue los tubos desde las conexiones "T", dejando el suficiente espacio sobre la lavadora para las válvulas de cierre. Puede instalar dos válvulas de cierre con espita roscada o una válvula con una sola palanca. De cualquier forma, es bueno cerrar las válvulas de cierre en cualquier momento que no se use la lavadora de ropa. Aligera la constante presión del agua en las mangueras de alimentación y en la válvula de entrada de agua, y puede evitar una inundación.

Las válvulas de cierre con espita roscada (véase la **figura 56**) se usan con más frecuencia. Para instalarlas, coloque codos en el extremo de los tubos de alimentación así como niples roscados, después las espitas roscadas para que reciban las mangueras de la lavadora.

Una válvula de cierre con una sola palanca (véase la **figura 57**) cierre simultáneamente el agua, caliente y fría, con un solo giro del pasador de pistón. Esta válvula se puede instalar en lugar de las válvulas existentes, con poca o casi sin modificación.

Destornille los adaptadores de la válvula de la unidad de una sola palanca y una (véanse las páginas 54-55) cada uno de los extremos de los tubos de alimentación. (Si los tubos no son de cobre, utilice conexio-

nes de transición, véase la página 53.) Deslice las juntas y el cuerpo de la válvula en el adaptador de la válvula. Inserte y apriete los tornillos de sustentación, después atornille las mangueras de la lavadora.

Desaguar en un tubo vertical

El tubo vertical, a la venta en largos de 85 cm hasta 180 cm debe quedar más alto que el nivel superior de agua en la lavadora, para evitar el retroceso y el trasegarse del agua sucia hacia la lavadora. Para calcular el tramo del tubo vertical que necesitará, revise las instrucciones del fabricante.

Para instalar el tubo vertical (véase la **figura 58**), corte un tubo de drenaje e instale una conexión "T" sanitaria. Fije el tubo vertical a la "T" e introduzca la manguera de desagüe de la lavadora de ropa al tubo vertical aproximadamente 15 cm, cerciórese de que la presión del agua no expulsará la manguera del tubo.

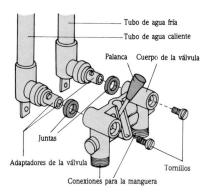

Figura 57. Instale una válvula con una sola palanca con sus adaptadores en los extremos de los tubos de agua caliente y fría.

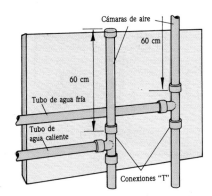

Figura 55. Coloque cámaras de aire a las conexiones "T" que están instaladas en las extensiones de tubo de agua caliente y fría.

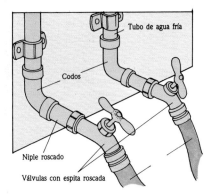

Figura 56. Válvulas de cierre con espita roscada conectadas a los codos en los extremos de tanto el tubo de agua caliente como de agua fría.

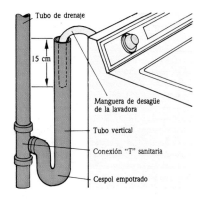

Figura 58. Fije el tubo vertical a una conexión "T" sanitaria en el tubo de drenaje e inserte la manguera de desagüe de la lavadora de platos.

Calentar el agua con el sol

De todas las aplicaciones de la energía solar, el calentador de agua doméstico es por mucho la aplicación más eficaz en costo. La inversión en un calentador de agua solar se puede recuperar, y algunas veces en tan poco tiempo como 2 o 3 años, porque se aplican créditos fiscales y usted puede construir algunos tipos. La mayoría de los sistemas están diseñados para proporcionar de la mitad a tres cuartas partes de la necesidad anual de agua caliente de una familia, casi el suministro total en los meses calientes, y cantidades menores en las estaciones de frío y nubladas.

Los calentadores de agua solar se dividen en dos categorías generales: pasiva y activa. Los sistemas activos además de la energía solar dependen de termostatos, ventiladores, bombas y válvulas accionadas por electricidad; los sistemas pasivos no necesitan componentes mecánicos o energía convencional de ninguna clase.

Sistemas pasivos

Hay dos sistemas pasivos básicos de calentador de agua doméstico: calentadores de agua de hornada y calentadores de agua de termosifón. Ambos son sencillas maneras baratas de introducir la energía solar en su casa.

Calentador de agua de hornada. A menudo se les llama calentadores de agua de "caja de pan" debido a la forma de sus contenedores característicos, los calentadores de agua de hornada no requieren de entrada de energía o herrajes especializados para hacerlos funcionar; sólo se asientan bajo el sol y calientan el agua.

En un calentador de hornada, el colector y los componentes de almacenamiento son uno mismo, a menudo sólo es un tanque de calentador de agua sin cubierta exterior, aislante y mecanismo del calentador forrado con vidrio. El tanque se pinta de negro liso para que absorba la radiación solar, y se aloja en una caja aislada que tiene un vidrio en un lado y se orienta aproximadamente a 30 grados hacia el sur sin desviación en un lugar sin sombra, por lo general a nivel de piso (véase la **figura a**). El vidrio también debe estar inclinado con respecto al horizonte que concuerda con la latitud. Como un tanque lleno es muy pesado, no es aconsejable instalarlo sobre el techo a reserva de que un calculista estructural determine que es factible.

La mayoría de los sistemas emplean uno o dos tanques de 113.56 o 151.42 litros para precalentar el agua de paso al calentador convencional. Sin embargo en algunas regiones, los sistemas con dos o más tanques conectados en serie pueden desplazar a un calentador convencional durante los meses de más sol.

En climas fríos el congelamiento del agua puede ser un problema; en tales áreas, con frecuencia es necesario desaguar el sistema en invierno o bien dejarle un margen adicional de cupo.

Las innovaciones en los calentadores de hornada incluyen el uso de cristales, reflectores y revestimientos de tanque especiales para incrementar la eficiencia solar. La productividad de los calentadores de hornada y cada vez mejores para acercarse a la productividad de los sistemas más perfeccionados, y su proporción en costo es incomparable.

Al igual que con todos los calentadores de agua solares, los calentadores de hornada pueden obligar a hacer algunos cambios en los hábitos domésticos, si se quieren obtener todos sus beneficios. Como las mayores temperaturas de agua se alcanzan, por lo general, a medio día, es mejor programar el mayor uso de agua caliente a esa hora. No obstante, los recubrimientos especiales en el tanque y las cubiertas aislantes pueden ayudar a mantener aceptablemente alta la temperatura del agua el resto del día.

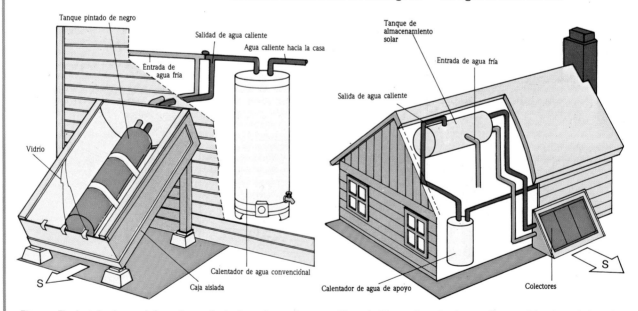

Figura a. El calentador de agua de hornada precalienta el agua de un calentador convencional; su tanque oscuro sirve como colector y de almacenamiento.

Figura b. En un calentador de agua de termosifón, el agua calentada en los colectores sube por conducción natural al tanque instalado dentro de la casa; el agua caliente se envía a través del calentador convencional.

Para obtener más indicaciones sobre la construcción e información adicional consulte el libro Remodelación solar de Sunset.

Calentador de agua de termosifón. En estos calentadores pasivos, el agua va de los colectores solares a un tanque de almacenamiento solar por medio de conducción natural; el agua sube en respuesta al calor del sol al igual que lo hace el aire. Para iniciar esta corriente de conducción, se instala la parte superior de los conductores debajo de la parte inferior de un tanque bien aislado al cual alimentan (véase la **figura** *b*). El agua calentada por el sol se envía de forma indirecta para su uso en la casa, a través del calentador de agua convencional el cual actúa como apoyo del calentador de agua solar.

Al sistema antes descrito se le llama sistema de circuito abierto, porque el agua ordinaria de la casa corre directamente de los colectores hacia el tanque de almacenamiento. Para evitar el congelamiento en invierno, cuando baja mucho la temperatura se deben desaguar los colectores.

Si se utiliza anticongelante como medio de transferencia de calor (para evitar los problemas de congelación) los reglamentos de construcción, y el sentido común, exigen un sistema de circuito cerrado. El anticongelante circula de los colectores a un cambiador de calor (por lo general es un tubo de cobre largo en espiral poco compacto o un dispositivo fino parecido a un radiador de automóvil, con doble pared para dar mayor protección) sumergido en el tanque de almacenamiento. De esta manera, se mantiene separado el anticongelante del agua (véase la **figura** *c*). El calor pasa del anticongelante calentado solarmente al agua más fría en el tanque a través de las paredes del cambiador de calor. El diseño es espiral o del dispositivo aumenta el cambio de calor proporcionando un área grande de contacto entre los dos fluidos en tanto que los conserva separados en condiciones de seguridad.

Sistemas activos

En un calentador de agua solar activo, por lo general los colectores se instalan en el techo, y el tanque de almacenamiento se coloca a nivel del piso o de los cimientos. Con este arreglo, necesitará bombas, válvulas y controles automáticos para circular el agua regular a la casa (en un sistema de circuito abierto) o con anticongelante (en un sistema de ciruito cerrado) hacia los colectores y de nuevo de regreso (véase la **figura** *d*).

Aún cuando algunos sistemas activos se fabrican según diseño, la mayoría se pueden comprar en forma de juegos para hacer una instalación profesional. Estos juegos de sistemas incluyen colectores, tanques, termostatos, bombas y tubería. Si tiene habilidades en plomería y en electricidad, usted podrá instalar uno de estos sistemas en su casa en un techo dirigido hacia el sur. Incluso un techo de garaje o cobertizo le será útil: a menudo sólo se necesita de 30 a 60 cm cuadrados de área para el colector por cada 3.78 litros de agua que se va a calentar.

Estos juegos son más baratos que los modelos hechos a la medida, pero no son exactamente sencillos de instalar. Se necesita de bastante experiencia y proeza, y una buena dosis de paciencia. También es probable que le tengan que hacer una inspección a la instalación. Antes de comprar un juego cerciórese de que las instrucciones son satisfactorias, o de que el vendedor le ayudará. A reserva de que tenga experiencia en hacer trabajos usted mismo, es mejor que un experto le instale el sistema, aunque tenga que pagar más.

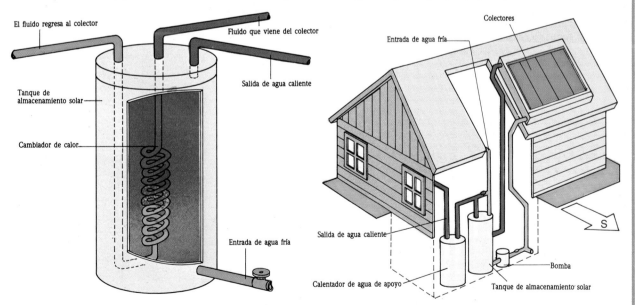

Figura c. El cambiador de calor sumergido en el tanque de almacenamiento proporciona una superficie larga para transferir el calor, en tanto que conserva separado el fluido en la transferencia de calor del agua potable.

Figura d. En un calentador de agua solar activo, una bomba hace circular el agua (o anticongelante) de los colectores al tanque de almacenamiento y después de regreso.

Reemplazo de un calentador de agua

Cuando el calentador de agua comienza a fugar o está oxidado y corroído es tiempo de empezar a ver nuevos calentadores. Cuando vaya a comprar uno nuevo, deberá considerar cuatro factores: capacidad, garantía, revestimiento interior del tanque y velocidad de recuperación.

Capacidad. Los calentadores de gas por lo general se suelen clasificar en tamaños de 113.56 a 378.53 litros; los calentadores eléctricos contienen hasta 386.10 litros. Las gráficas de abajo le darán una idea aproximada del tamaño de tanque del calentador de agua que necesita. La capacidad se debe basar en el número de personas en la casa y en el número de cuartos de baño que contiene.

Garantía. La mayoría de los calentadores garantizan entre 7 y 15 años de uso. Por lo general vale la pena elegir el mejor modelo, aunque algunos modelos que los fabricantes llaman de lujo ahorradores de energía cuestan significativamente más y tienen una garantía más larga en el tanque, pero no siempre consumen menos en su funcionamiento.

Revestimiento interior. El revestimiento interior más común en los tanques de los calentadores de agua es el vidrio, dura más tiempo y proporciona agua más limpia que otros revestimientos. Los tanques revestidos de cobre son mejores y duran más tiempo que los tanques galvanizados con revestimiento de vidrio, los cuales son por lo general los menos caros y duran menos, debido a la corrosión causada por los químicos en el agua.

Velocidad de recuperación. Se refiere al número de litros por hora que un calentador puede elevar a 100°. Por lo general, los calentadores de agua de gas tienen mayor velocidad de recuperación ya que los calentadores eléctricos resultan más lentos. La literatura del producto que proporciona el fabricante le dará la información sobre la velocidad de recuperación.

Combustible. Si va a cambiar el calentador de agua, es preferible (y más fácil) comprar uno que utilice el mismo tipo de combustible. Si se trata de una instalación nueva, la consideración principal debe ser sopesar la disponibilidad y el costo del gas frente al de la electricidad.

Advertencia: Si necesita hacer un tendido de tubo para gas hacia un nuevo calentador de agua, es mejor llamar a un profesional para que haga el trabajo. Si va a instalar un calentador de agua eléctrico, sea extremadamente cuidadoso cuando haga el tendido.

Cómo vaciar el tanque. Cuando esté listo para reemplazar el calentador de agua, comience por cerrar el agua y el suministro de combustible (o la electricidad) que alimenta a la unidad (véase la **figura 59**). Si en el piso debajo de la válvula no tiene una coladera, conecte una manguera en la válvula y llévela a una coladera cercana o hacia el exterior. Después desagüe el tanque de almacenamiento del calentador abriendo la válvula de vaciado (véanse las figuras en la página 38) cerca de la base del tanque.

Cómo desconectar los tubos de alimentación. A continuación, desconecte los tubos de entrada y salida de agua del calentador. Si están conectados con uniones

(véase la **figura 60a**) o con conectores de tubo flexible el trabajo es sencillo, sólo destorníllelos. Si no es así, tendrá que cortar los tubos con una sierra para cortar metal (véase la **figura 60b**).

Cómo desmontar la tubería del combustible o el tendido eléctrico. En un calentador eléctrico, para desconectar el tendido del suministro eléctrico baje la luz; remueva el cable eléctrico del calentador. Para un calentador de agua, de gas o petróleo, cierre el gas y use una llave para tuercas para desconectar el tubo de suministro de combustible de la válvula de en-

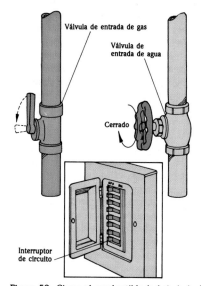

Figura 59. Cierre el combustible (o baje la luz) y el suministro de agua que va al calentador de agua antes de realizar cualquier trabajo.

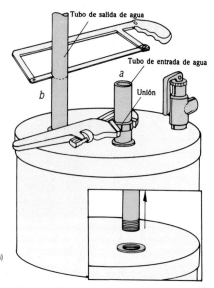

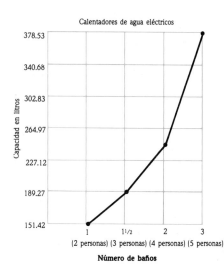

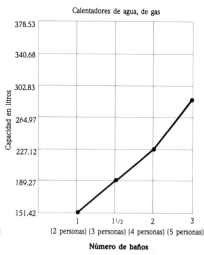

Figura 60. Desconecte los tubos de alimentación de agua destornillando una unión (a) o cortando el tubo (b).

La capacidad en litros en las gráficas se basa en casas con dos aparatos eléctricos que utilizan agua; una casa sin lavaplatos o sin lavadora de ropa necesitará un tanque ligeramente más chico. La necesidad del calentador de agua también variará si hay más o menos personas en la casa de las que se indican en los paréntesis. Algunas personas necesitan más agua: por ejemplo, con niños chicos se requiere más agua caliente para lavar.

trada. También en el calentador de gas necesitará modificar el tiro de la chimenea del tubo del conducto de humos (véase la **figura 61**).

La mayoría de los calentadores de agua tienen válvulas de desahogo de temperatura y presión para evitar explosiones en el caso de que falle el mecanismo de calentamiento. Las válvulas son baratas, y conviene adquirirla cuando compre un calentador nuevo. Podrá usar el tubo de rebosadero original (véase la **figura 62**).

Cómo instalar un calentador nuevo. Quite el calentador viejo y coloque el nuevo en su lugar. Revise que el calentador esté a plomo y nivel (véase la **figura 63**); cálcelo si es necesario.

Cómo hacer la instalación de plomería. Si el tanque nuevo tiene una altura diferente al viejo, tendrá que remendar la plomería para unir apropiadamente todos los tubos. Utilice conectores de tubería flexible (véase la **figura 64**) o uniones para enlazar tanto los tubos de agua como los de gas. Para hacer los enlaces simplemente atornille los conectores (piezas de tubería flexible) al tubo y se doblan lo que se requiera. Si los tubos no están roscados, reemplácelos por niples roscados y afiance los conectores a los tubos con una llave para tuercas.

Cómo activar el calentador. Para un calentador eléctrico, tienda cable eléctrico revestido de metal desde la fuente de electricidad. Con todos los enlaces ya hechos, abra la válvula de entrada de agua que va al calentador. Cuando el tanque esté lleno de agua, "purgue" los tubos de alimentación (abra las llaves de agua caliente para dejar salir el aire de los tubos).

Pruebe la válvula de desahogo de temperatura y presión girando la palanca. Abra la válvula de entrada de gas o conecte el circuito eléctrico para abastecer de combustible al calentador. Para los calentadores de gas, encienda el piloto según las instrucciones (por lo general están en la placa del tablero de control). Ajuste el nivel de temperatura según lo desee.

Por último, revise todos los enlaces para ver si hay alguna fuga. Si está trabajando en un calentador de gas, aplique con una brocha agua jabonosa en los enlaces (véase la **figura 65**), las burbujas indicarán si hay fuga de gas.

En las páginas 38-39 se presentan las soluciones a los problemas del calentador de agua.

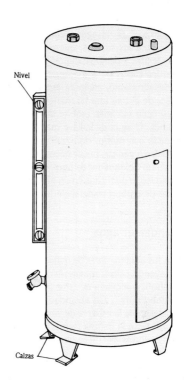

Figura 63. Utilice un nivel para revisar que el calentador nuevo esté a plomo; si es necesario, cálcelo con pedazos de madera delgada.

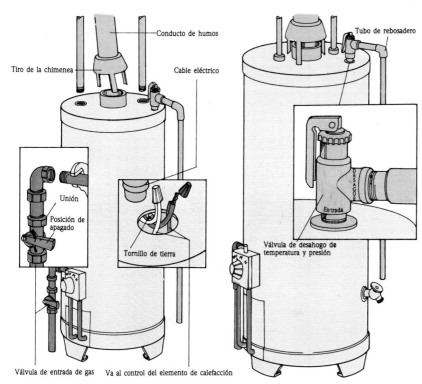

Figura 61. Desmonte los tubos de alimentación de combustible (o el cable eléctrico); después, en un calentador de gas, quite el tiro de la chimenea.

Figura 62. Destornille el tubo de rebosadero de la válvula de desahogo de la unidad vieja, lo podrá utilizar en el calentador de agua nuevo.

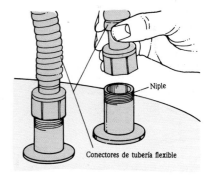

Figura 64. Utilice conectores de tubería flexible para simplificar los enlaces de la tubería de agua y de gas en el calentador de agua.

Figura 65. Revise todos los enlaces en la tubería de gas para ver si hay fuga, aplique con una brocha agua jabonosa; las burbujas indican que hay fuga.

Instalación de ablandadores de agua y filtros

Los químicos en el agua, representan un castigo para los caseros, que pueden causar molestias y peligros: depósitos minerales en los tubos de alimentación, sabor y olor desagradable, anillo de agua dura alrededor de la tina (por no mencionar el collar), y cada vez más problemas de salud comunes. El agua de la llave que está contaminada con moho, cloro, sulfuro y otros materiales orgánicos puede necesitar ser tratada en un ablandador de agua o un inyector químico, o purificada en un filtro de agua a base de carbón mineral de leña.

Ablandar el agua

Todos los ablandadores de agua funcionan, sustituyendo calcio, magnesio o hierro por sodio (sal), cualquiera de éstos pueden causar agua "dura". Un ablandador de agua no sólo elimina la espuma de jabón sino que también evita la dañina formación mineral en los aparatos eléctricos que utilizan agua (un calentador). Sin embargo el sodio añadido al suministro del agua puede ser un problema potencial para la salud de aquellos que deben restringir su consumo de sal. Una forma de evitar este problema es instalar el ablandador sólo en los tubos de agua caliente, los que se utilizan para el baño y para lavar ropa.

La unidad para ablandar el agua se coloca en la toma principal justo pasando el punto donde el agua entra a la casa. Para instalar un ablandador de agua, necesitará conectarlo al tubo de alimentación principal. Puede instalar el ablandador antes de que se ramifiquen los tubos para agua caliente y fría, de esta manera ablandará toda el agua, o puede instalarlo sólo en el tubo de agua caliente, decisión inteligente para la salud. De cualquier modo, antes de prolongar la tubería revise los códigos locales (véase la página 60 en "Secuencia de planeación"). Para instalar el ablandador de agua siga las instrucciones de instalación del fabricante.

Filtrar el agua

A diferencia del ablandador de agua, un filtro de agua es un aparato lo suficiente chico como para conectarlo al tubo de una instalación individual principal, por ejemplo a la llave de agua fría de la cocina. Esto le permitirá filtrar sólo el agua que utilice para cocinar y beber.

Debido a que el filtro de agua se debe instalar en una posición vertical, el lugar donde se coloque el filtro puede modificar la manera de instalarlo.

Cómo instalar el filtro en un tubo horizontal. Para conectar un filtro de agua a un tubo horizontal (véase la **figura 66**), corte un tramo del tubo donde va a instalar el filtro. Atornille una válvula de compuerta a cada lado del filtro y enlace la unidad con conexiones de compresión (o con uniones, si tiene tubo galvanizado). Cuando reemplace el núcleo del filtro usado cierre ambas válvulas.

Cómo instalar el filtro en un tubo vertical. Si va a instalar el filtro de agua en un tubo vertical (véase la **figura 67**), corte una sección de 10 cm del tubo, instale un circuito de tubería con cuatro codos, y enlace el filtro en la parte más baja. Coloque una válvula de compuerta en el lado de entrada del filtro. Es importante instalar el filtro en posición vertical.

Para cambiar el corazón del filtro, cierre la válvula de compuerta. Destornille el cuerpo del filtro del casquete y reemplace el filtro usado por uno nuevo. Dependiendo de la calidad y flujo del agua, un núcleo de filtro debe durar de 6 meses a un año.

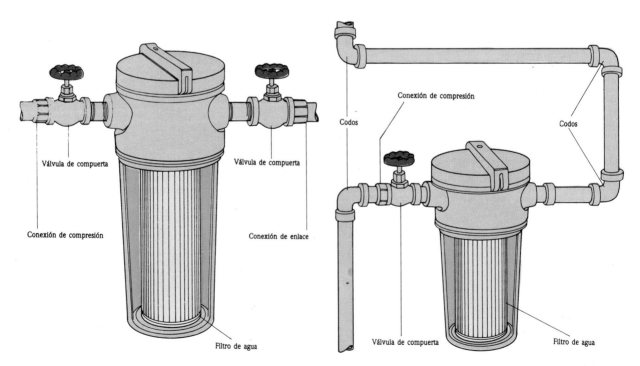

Figura 66. En un tubo horizontal, se instala el filtro de agua utilizando dos válvulas de compuerta roscadas y dos conexiones de compresión o uniones. Se coloca una válvula de compuerta a cada lado del filtro.

Figura 67. En un tubo vertical, se instala el filtro de agua utilizando cuatro codos, una válvula de compuerta y una conexión de compresión o unión. La válvula de compuerta se coloca en el lado interior del filtro.

Instalación de una llave en el exterior

Instalar una llave extra en una pared exterior de su casa, o como también se le llama llave para conectar manguera, es un procedimiento bastante directo que le compensará en comodidad cuando riegue el jardín o lave el carro. Se venden varios modelos de llaves; la mayoría tiene una base roscada y un surtidor roscado para conectar la manguera. Algunas están fabricadas con una brida, o aro decorativo, la cual trae algunos cortes para permitirle fijarla con tornillos en una pared exterior. A este tipo de llave para exterior también se le llama "grifo de antepecho".

Situar la llave. Inicie su proyecto decidiendo dónde quiere instalar la nueva llave. Por supuesto, la querrá situada convenientemente para regar en el exterior, si es posible, deseará situar la llave lo suficientemente arriba para llenar una cubeta.

También, cerciórese de tomar en cuenta la localización en el interior del tubo de agua fría al cual va a conectar. Este tubo de alimentación probablemente estará en la planta baja o garaje. Al igual que con cualquier proyecto de plomería, antes de empezar necesitará planear con cuidado cómo conectará en el tubo de alimentación, y tener listos todo el tubo y las conexiones necesarias para hacer el trabajo (véase "Cómo se hacen las conexiones", páginas 46-65).

Perforar la pared. Antes de comenzar a perforar, revise el interior para que se cerciore de que no topará con alguna obstrucción. Si le es posible, para marcar la localización correcta perfore un hoyo chico de adentro hacia afuera. Verifique que no perfora vigas o travesaños.

Seleccione la broca idónea para el trabajo, para madera una broca con cabeza de paleta; para ladrillo, concreto o estuco una broca para concreto. Después, si es necesario use una extensión, desde afuera taladre a través de toda la pared, haga una perforación sólo lo suficientemente grande para alojar el tubo al cual va a conectar la llave.

Cómo conectar la llave. Ahora ya está listo para cortar el tubo de alimentación de agua fría (véase la **figura a**). Cierre el agua con la válvula principal (véase la página 23) y desagüe los tubos en los que va a trabajar. La manera más rápida de conectar el tubo es con una "T" con abrazadera, sin embargo para hacer un trabajo realmente profesional, utilice conexiones roscadas o soldadas donde sea apropiado (véase el capítulo "Cómo se hacen las conexiones", páginas 46-65). Puede colocar una válvula de cierre en el exterior (véanse las páginas 70-71), en cualquier parte una comodidad extra, pero en áreas donde el invierno es muy frío, es una necesidad para evitar los tubos congelados, a reserva de que instale una llave a prueba de congelación.

Por último, tienda el tubo nuevo a través de la pared y conéctele la llave. Cerciórese de que los tubos conectados están bien afianzados a la armazón de la casa (vigas y travesaños) en la pared, al igual que a todo el largo del tendido del tubo.

Terminación del trabajo. Cuando ya tenga todo conectado, rellene cualesquiera huecos alrededor del tubo, tanto en el interior como en el exterior, con sellador de silicón a prueba de agua o sellador de espuma. Cuando instale una llave con brida, es bueno inyectar un poco de sellador en el espacio alrededor del tubo antes de atornillar la brida. Cuando fije la brida, el sellador se esparcirá y formará un sello uniforme.

También es bueno instalar un freno de vacío, algunas veces llamado medida preventiva de retroceso de flujo (véase la **figura b**). Este dispositivo, el cual simplemente se atornilla entre el surtidor de la llave y la manguera misma, evita el retroceso del flujo de agua contaminada hacia el sistema hidráulico.

Llaves a prueba de congelación. Si vive en una área donde las temperaturas en invierno descienden bajo cero, es bueno instalar una llave especial a prueba de congelación (véase la **figura c**). Esta versión tiene un cuerpo alargado que se prolonga dentro del primer piso o garaje, y tiene un asiento de válvula que se localiza bastante atrás en el cuerpo. Esto significa que cuando cierra el agua, el flujo de agua se detiene dentro de la casa.

Además, una llave a prueba de congelación se desagua sola. La parte que queda en el exterior se instala con una ligera inclinación hacia abajo; después de que se cierra la llave permite que salga automáticamente por el surtidor cualquier sobrante rezagado de agua.

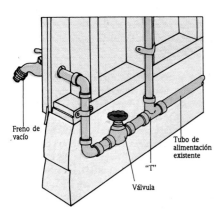

Figura a. Conecte a un tubo de alimentación de agua fría la llave.

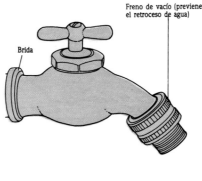

Figura b. Instale un freno de vacío para evitar el retroceso del agua.

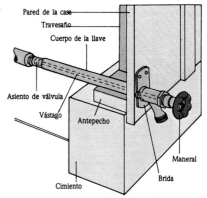

Figura c. Llave a prueba de congelación.

Instalación de un sistema de aspersor de riego

Instalar un sistema de aspersión subterráneo puede parecerle una tarea absurda, pero de hecho el único trabajo pesado es excavar. El trabajo de plomería es sencillo, en especial si utiliza tubo de plástico.

Planeamiento del sistema

Los fabricantes de aspersores de riego fabrican sus artículos muy diferentes. Inicie el proyecto investigando las características y especificaciones de varios tipos de cabe-

Llave en el exterior (llave para conectar manguera)

Adaptador de manguera

Manómetro

Figura a. Para determinar la presión del agua, se atornilla un manómetro en una llave en el exterior y se abre totalmente la llave.

za de aspersor. El momento de la planeación más detallado es cuando haya elegido un sistema.

Plan maestro. La mayoría de las compañías que venden aspersores le ayudarán a hacer el proyecto del sistema que tiene en mente. Necesitan cierta información básica: el área a regar, incluyendo la localización de áreas con flores, rejas, caminos permanentes y la casa (es muy útil un dibujo a escala de la casa y del área); el clima promedio y el tipo de suelo; y el tipo de césped que quiere, o ya tiene.

También necesitan cierta información técnica: el tipo y diámetro del tubo de alimentación de agua al cual planea conectar, y el diámetro interior del medidor de agua (éste debe estar impreso en la caja del medidor; si no es así, llame a la compañía de servicio de agua y drenaje.

La cobertura del aspersor se calcula con base a la presión del agua disponible, la mayoría de las compañías le prestarán o rentarán un manómetro para medir la presión. El manómetro se coloca en una llave en el exterior (véase la **figura a**) y es necesario que ninguna instalación o aparato eléctrico que utilice agua esté funcionando dentro de la casa. Se abre completamente la llave para hacer la lectura.

¿Cuántos grupos? Las cabezas de los aspersores se disponen por grupos, y una válvula independiente controla a cada uno de los aspersores del grupo. El número de grupos, y el número de válvulas de control, que necesitará se determinan por el número total de aspersores y por la diversidad de condiciones que tienen que cubrir. La compañía le ayudará a hacer el cálculo.

¿Quiere que el riego sea automático? Puede hacer el riego sin esfuerzo instalando un contador eléctrico en el sistema. El contador se conecta a una válvula de control eléctrico que abra y cierre el agua automáticamente.

Tendidos de tubo de plástico. Normalmente, cualquier tubo de alimentación que esté aprobado para su uso en interior es apropiado para un sistema de aspersión. Sin embargo la llegada del tubo de plástico (véase la **figura b**) ha simplificado enormemente el proceso de ensamble, y el plástico tiene una ventaja más: por lo general cuando se congela el agua dentro de los tubos éstos se expanden en lugar de romperse.

Es común usar PVC rígido con conexiones pegadas con cemento PVC; también está aprobado en algunas áreas el uso de polietileno flexible (PE), conectado con niples y prensas de fijación.

Enlace del sistema

El método que utilizará para conectar al suministro de agua depende del clima. En este punto, debe utilizar el mismo tipo de tubo al que va a conectar. (Las técnicas sobre las conexiones de tubos se explican en las páginas 46-58.)

En áreas de inviernos crudos, haga el enlace al tubo de alimentación de agua fría dentro de la casa (véase la figura c-1), después tienda la tubería hacia afuera de la casa a través de una pared hasta la válvula de control. Taladre un hoyo a través del antepecho o, si es necesario, a través de la pared con cimiento (véase la página 91). Conecte al tubo presente con una conexión "T", e instale una válvula de cierre a lo largo del nuevo tendido, al otro lado de la "T" (elija una válvula de cierre y para desaguar, si quiere poder drenar el sistema en ese punto).

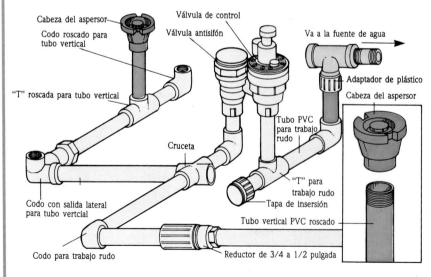

Cabeza del aspersor

Codo roscado para tubo vertical

Válvula de control

Válvula antisifón

Va a la fuente de agua

"T" roscada para tubo vertical

Adaptador de plástico

Cabeza del aspersor

Cruceta

Tubo PVC para trabajo rudo

Codo con salida lateral para tubo vertcial

"T" para trabajo rudo

Tapa de inserción

Tubo vertical PVC roscado

Codo para trabajo rudo

Reductor de 3/4 a 1/2 pulgada

Figura b. Es común el uso de tubo PVC y conexiones en los sistemas de aspersores de riego. El PVC de uso rudo se tiende de una "T" hidráulica a la válvula de control. Los tubos verticales, las conexiones de los tubos verticales y las cabezas de los aspersores se atornillan; otras juntas se pegan con cemento PVC.

En climas templados, el método más sencillo es conectar una llave en el exterior (llave para conectar manguera) (véase la **figura c-2**). Quite la llave existente, coloque una "T", después coloque una llave nueva a la "T". Por comodidad, coloque una válvula de cierre, como se muestra.

Si no hay una llave cerca, puede conectar a la toma principal antes de que entre a la casa, después puede tender el tubo hacia el lugar que haya elegido.

Instalación de la válvula de control. A continuación se instala, cerca de la toma, una o más válvulas de control para los aspersores. Cerca de la pared coloque el adaptador apropiado para el nuevo tubo, después conecte tubo de plástico hasta el lugar donde pondrá la válvula. Una válvula de control debe localizarse por lo menos a 15 cm sobre la tierra. La válvula antisifón, impide que el agua regrese al sistema hidráulico, por lo general viene integrada a cada una de las válvulas de control (véase la **figura d**).

Después de colocar la válvula de control y la válvula antisifón en el inicio del sistema de aspersión, deje secar las conexiones por lo menos 6 horas para asegurar un sello resistente, esta sección estará bajo constante presión.

Montaje de los aspersores

La compañía que le venda las partes para el sistema le proporcionará las instrucciones detalladas para hacer el montaje. Aquí se presenta la secuencia general.

Para trazar y excavar las zanjas, comience por clavar en la tierra estacas de madera en cada uno de los sitios donde van los aspersores. Para guiar la excavación, tense una cuerda entre las estacas. Después con una pala plana excave zanjas de aproximadamente 20 cm de fondo (véase la **figura e**). Para recuperar el césped, antes de excavar profundo meta suavemente la pala debajo de la capa de césped y sáquelo.

Enlace los tubos dentro de las zanjas, desde la válvula de control hacia afuera (véase la **figura f**). Revise dos veces el trazo y las medidas, antes de pegar con cemento PVC ponga en línea y marque todo el tubo y las conexiones (véase la página 50).

Para determinar con precisión el nivel de las cabezas de aspersor, deben quedar al ras de la superficie del césped, coloque una regla o tabla a través de la zanja; la cabeza del aspersor debe estar a nivel con respecto a la superficie de la tabla.

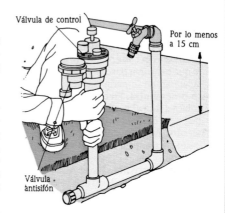

Figura d. Instale la válvula de control con la válvula antisifón al tubo de alimentación de agua, por lo menos a 15 cm sobre la tierra.

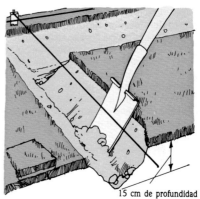

Figura e. Con una pala plana excave zanjas con forma de V, de aproximadamente 15 cm de profundidad.

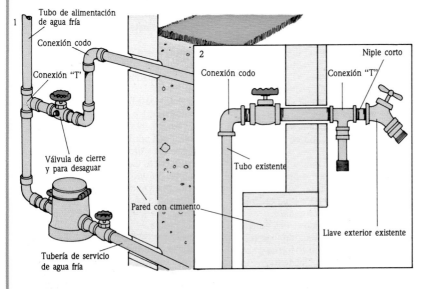

Figura c. El clima determinará si se conecta al tubo de alimentación en el interior (1) o se conecta a una llave en el exterior (2).

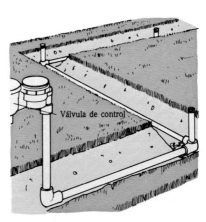

Figura f. Conecte el sistema desde la válvula de control hacia afuera. Abra el agua y revise si hay fugas, después cubra las zanjas.

Glosario

ABE. Tubo de plástico rígido para drena-je. Acrilonitrilo-butadieno estireno.

Aceite penetrante. Se utiliza para ayudar a aflojar juntas roscadas en las cuales la corrosión ha pegado las conexiones.

Adaptador. *Véase* Conexión de transición.

Aireador. Dispositivo parecido a un filtro que se coloca en el extremo de la llave; mezcla el aire con el chorro del agua.

Arandela con cabeza giratoria. Arande-la que tiene una base giratoria unida a un sujetador en la parte superior.

Aro ornamental. Pieza decorativa que se coloca sobre el cuerpo de la llave o tubo que sale de la pared.

Asiento. Parte de la válvula en la cual se encaja la arandela u otra pieza, detiene el flujo de agua.

Asiento de válvula. *Véase* Asiento.

Bidet. Instalación de baño que se utiliza pa-ra lavar el área perineal. La plomería para instalar un bidet es más sencilla que la de un inodoro; no es necesario un codo cerra-do, sólo un cespol de tipo de lavabo y un tubo de drenaje.

Bolsa globo. Dispositivo que se coloca a las mangueras de jardín para aflojar una obstrucción en un drenaje tapado.

Brazo del flotador. Brazo de alambre que conecta la esfera del flotador en un extremo y el ensamble de la llave del flotador por el otro extremo en el tanque del inodoro.

Brida. Conexión plana o con borde integral con perforaciones que permiten atornillar (la taza del inodoro se atornilla a la brida de piso) o afianzar a otra superficie (la tina se afianza a la pared a través de una brida integral).

Brida para piso. Conexión que conecta el inodoro al suelo y a la tubería del drenaje.

Cámara de aire (o amortiguador de aire o detenedor de golpe de ariete). Dispo-sitivo que se coloca a los tubos de ali-mentación cerca de las salidas de agua para evitar el golpe de ariete.

Casquete. Conexión con un extremo ma-cizo que se utiliza para cerrar el extremo de un tubo.

Casquete de válvula. Revestimiento pa-ra llaves de baño y regadera instaladas en la pared. Se atornilla en el cuerpo de la llave detrás de la pared.

Cemento PVC. Compuesto que se utiliza para unir tubo de plástico rígido.

Cespol de bote con registro. Cespol que se utiliza, a veces, en tinas y regaderas en lugar de secciones curvas de tubo; es un cespol cilíndrico con una entrada y una sa-lida a diferentes niveles.

Cespol de retorno con doble tapa. Co-nexión con forma de U con dos tapas de registro adyacentes, visible a nivel de piso si el drenaje principal corre abajo del suelo.

Cespol P. Cespol con forma de P.

Cespol sanitario. Dispositivo (con mayor frecuencia es una sección curva de tubo) que tiene un sello de agua para evitar que escapen los gases del albañal hacia la casa a través del desagüe de la insta-lación.

Cieno. Materia de desperdicio sólido que se asienta en el fondo de una fosa séptica.

Cinta de fluorocarburo. Cinta especial que se utiliza como un sellador de juntas en lugar de lubricante de tubo. También se le llama cinta para envolver tubo.

Cinta para enrollar tubo. Cinta especial que se utiliza como sellador de juntas en lugar del lubricante de tubo. También se le llama cinta de fluorocarburo.

Codo. Conexión que se utiliza para dar vuelta en los tendidos de tubo (por ejem-plo, con un codo a 90 grados se da un giro de ángulo recto). Un codo reductor tiene un extremo macho y un extremo hembra.

Codo cerrado. Tubo de drenaje que une la salida de la taza del inodoro en un ex-tremo, y el tubo de drenaje o de aguas ne-gras por el otro extremo.

Codo J. Pieza en forma de J de tubo sanitario que se utiliza con un codo en los céspoles.

Conector flexible. Pieza de tubo que se puede doblar y se utiliza para surtir agua de una válvula de cierre a una instalación o aparato eléctrico.

Conexión. Dispositivo que se utiliza para unir tubos.

Conexión cruceta. Conexión de plomería por accidente que mezcla el agua usada con el suministro de agua potable.

Conexión de compresión. Para su uso con tubo de cobre y de plástico.

Conexión de resbalón. Cople de cobre o de plástico sin reborde u hombro interior, se utiliza para reparar o extender tubo.

Conexión de transición. Conexión que une tubos de diferentes materiales. Tam-bién sirve de "adaptador".

Conexión ensanchada. Conexión roscada que se utiliza en tubo de cobre y de plásti-co. Requiere que se ensanche un extremo del tubo.

Conexión sanitaria. Conexión sin hombros internos que obstruyan el flujo del dese-cho; se utiliza para unir los tubos sanita-rios y de ventilación (S y V).

Contratuerca. Tuerca que se inserta en una pieza de tubo y se atornilla en otra pieza para unir las dos piezas.

Cople. Conexión que se utiliza para conec-tar dos secciones de tubo en un tendido recto.

Cortador de tubo. Herramientas diversas diseñadas para hacer cortes perfectamente a ángulo recto en el tubo.

CPVC. Tubo de plástico para agua caliente. Cloruro de polivinilo clorinado.

Cubo. Tubo de hierro fundido con un extremo en forma de campana llamado "cubo" o "campana" y un extremo en forma de bo-quilla llamada "espita". El extremo de es-pita de un tubo se encaja en el cubo de otro tubo. Se sella con estopa, sellada con plomo fundido o con lana de plomo frío.

De centro a centro. En la instalación de llaves: es la distancia entre los centros de las perforaciones en la cubierta del lava-bo. En las conexiones de tubos: es la distancia entre los centros de dos conexio-nes consecutivas en un tendido.

Desagüe de aguas negras con ventila-ción. Tubo sanitario y de ventilación lar-go que conecta al inodoro y a los ramales de desagüe con el drenaje principal y tam-bién se extiende hacia arriba y hacia afuera del techo de la casa; su porción superior sirve para ventilación.

Distancia máxima. Es la distancia máxi-ma permitida entre el cespol de la instala-ción y el tubo de ventilación o tubo de desagüe de aguas negras.

Empaque. *Véase* Pabilo grafitado.

Empaque de hule. Anillo angosto de hule que se utiliza en algunas llaves en lugar del pabilo grafitado para evitar fugas alrededor del vástago; también se utiliza en llaves de surtidor giratorio para evitar que fugue la base del surtidor.

Ensanchador. Herramienta que se introdu-ce en los extremos del tubo y se utiliza para pulir rebabas internas que se originan cuan-do se corta el tubo. A menudo se vende en combinación con el cortador de tubo.

Esfera del flotador. Esfera grande de co-bre o de plástico que flota en la superficie del agua en el tanque del inodoro, des-ciende y asciende con el nivel del agua.

Estopa. Cáñamo en hebra que se utiliza pa-ra hacer las juntas de campana (campa-na y espita) a prueba de agua en el tubo de hierro fundido.

Extremo liso. *Véase* Sin campana.

Exudación. 1. Otro nombre que se da pa-ra soldar juntas. 2. La acumulación de hu-medad en tubos, tanques, causada por la condensación cuando la superficie fresca del tubo o del tanque entra en contacto con el aire caliente.

Fragmentos de salida. Extremos de tubo hidráulico o sanitario que salen de la pared o piso.

Fundente. Pasta que se aplica al tubo de cobre antes de soldarlo. Protege a los tu-bos de la oxidación cuando se aplica el ca-lor al metal.

Golpe de ariete. Sonido de tubos estremeciéndose y resonando.

Guía. Herramienta de acero templado que se introduce por la fuerza en tuberías de desagüe para despejar obstrucciones.

Guía eléctrica. Guía que funciona eléctri-camente, se utiliza para despejar obs-trucciones en el desagüe principal y en el albañal de la casa.

Hembra. Tubos, válvulas o conexiones con rosca interna.

Herramienta de roscar. Herramienta que se utiliza para hacer la rosca al tubo.

Intervalo de aire. Tubo con casquete que sirve para ventilar un lavaplatos.

Junta. Dispositivo (por lo general de hule) que se utiliza para hacer juntas a prueba de agua entre dos partes de una válvula. Punto al cual se unen dos secciones de tubo.

Lubricante. Compuesto para sellar que se utiliza en conexiones roscadas (se aplica a la rosca exterior).

Llave. *Véase* Llave para conectar mangueras.

Llave de flotador. Ensamble dentro del tanque del inodoro que conecta el suministro de agua con los controles del flujo del agua que entran al tanque.

Llave para asiento de válvula. Llave de tuercas con extremo hexagonal que se inserta en las aberturas hexagonales del asiento de válvula para instalar o remover un asiento de válvula.

Llave para conectar manguera. Válvula con salida roscada externa para conectar la manguera.

Llave para lavabo. Herramienta diseñada para instalar o quitar contratuercas difíciles de alcanzar que afianzan las llaves instaladas en una cubierta de lavabo.

Macho. Tuberías, válvulas o conexiones con rosca externa.

Niple. Pieza corta de tubo galvanizado (30 cm o menos) con rosca externa en ambos extremos para unir conexiones.

Pabilo grafitado. Material parecido a un alambre que se enrolla alrededor del vástago de la llave para evitar las fugas.

PB. Tubería de plástico flexible para su uso con agua caliente o fría. Polibutileno.

Perno acodillado. Tornillo con dos orejas bisagradas, que se utiliza para afianzar ménsulas a los materiales de la pared; también se puede utilizar para componer fugas en los tanques de los calentadores de agua.

PP. Tubo de plástico rígido que se utiliza en céspoles y tubos de drenaje. Polipropileno

Purgar. Drenar de un tubo el exceso de aire al abrir una válvula en el extremo del tubo.

PVC. Tubo de plástico rígido para agua fría. Cloruro de polivinilo.

Reborde. Aro de acero inoxidable que se coloca alrededor del canto externo de algunos estilos de tarja, sostiene a la tarja en la contracubierta.

Rectificador de asiento de válvula. Herramienta que se utiliza para pulir rebaba en asiento de válvula.

Reductor. Conexión que une a un tubo de determinado diámetro a un tubo de diámetro menor.

Registro. Abertura que proporciona acceso al tubo de desagüe o al cespol debajo del lavabo, se cierra con una tapa roscada.

Registro principal. Conexión sanitaria en forma de "Y" que se instala cerca de la parte inferior del desagüe de aguas negras o donde el drenaje sale de la casa.

Reglamento. Requisitos legales para la instalación de la plomería.

Sellador. Material que se utiliza para crear un sello a prueba de agua.

Sello de cera. Sello en forma de "dona", hecho de cera, que se utiliza en la base del inodoro para evitar fugas en el tubo de drenaje.

Separadores. Secciones cortas de tubo de plástico o de cobre cortadas a la medida; se utilizan cuando se compone o se prolonga tubo.

Sin campana. Tubo de fierro fundido que se une con juntas de neopreno y prensas de fijación, lo que lo hace más fácil de usar que un tubo con campana.

Sistema sanitario y de ventilación (S y V). Sistema que acarrea el agua usada y los desechos sólidos, permite escapar los gases del albañal, mantiene la presión atmosférica en los tubos de drenaje.

Soldadura. Alambre de metal blando (estaño y plomo) que se utiliza como agente de enlace para unir tubo de cobre.

Sonda. *Véase* Guía.

Sonda con maneral. Herramienta para desatascar obstrucciones en el inodoro.

Soplete. Herramienta que utiliza acetileno, butano o propano para soldar tubos.

"T" con abrazadera. Conexión para tubo de cobre o galvanizado que se afianza con pernos al tubo, elimina el tener que cortar y hacer la rosca al tubo o soldarlo; por lo general requiere que se taladre el tubo.

"T" sanitaria. Conexión en forma de "T" con tres aberturas.

Tapón. Dispositivo que se coloca sobre la abertura de la válvula de descarga automática en el fondo del tanque del inodoro. Cuando se levanta permite que el agua dentro del tanque corra hacia abajo a la taza.

Tapón de aleta. Dispositivo que reemplaza un tapón de tanque en un inodoro.

Tapón esfera para tanque. *Véase* Tapón de aleta.

Tapón macho. Conexión con extremo cerrado roscado externamente para cerrar el extremo del tubo que tiene rosca interna.

Tendido. Serie horizontal o vertical de los tubos.

Tiro de chimenea. Tubo grande a través del cual escapan los humos del calentador de agua de gas.

Trasvase. Cuando ocurre un vacío en una sección de tubo, cerca del vacío jala el agua, el inodoro funciona con un principio de sifón. Si bien el trasvase no es deseable en otros lugares, puede causar el desagüe de los céspoles de las instalaciones. La ventilación actúa para impedir el trasvase.

Tubería vertical. Recorrido vertical del tubo.

Tubo de hierro fundido con campana y espita. *Véase* Cubo.

Tubo de ventilación secundaria. Tender una segunda tubería de ventilación hacia arriba y hacia afuera del techo; se utiliza para instalaciones alejadas de la tubería de ventilación principal.

Tubo vertical. Tubo de drenaje especial para lavadoras de ropa.

Tuerca de empaque. Tuerca que se atornilla en el vástago de la llave, mantiene el empaque apretado.

Unidad-mueble. Una unidad-mueble representa 28.40 litros o .0283 m^3 de agua utilizada por minuto.

Unión. Conexión que une dos piezas de tubo y permite armar y desarmar sin tener que quitar toda una sección.

Válvula a ángulo. Válvula con una curva a 90° que elimina la necesidad de usar un codo.

Válvula antisifón. Se instala en la tubería hidráulica para evitar el paso del agua contaminada al sistema hidráulico de agua potable.

Válvula de compuerta. Válvula con un miembro cónico al final del vástago; actúa como una compuerta para controlar el flujo de agua.

Válvula de desahogo de temperatura y presión. Válvula de seguridad para calentador de agua; permite escapar agua y vapor.

Válvula de descarga automática. Controla la descarga de agua del tanque hacia la taza (incluye al tapón y al asiento de válvula en la salida).

Válvula de globo. Válvula con una arandela en el extremo del vástago que entra en el asiento de la válvula para detener el flujo de agua.

Válvula de temple. Válvula que mezcla una reducida cantidad de agua caliente con agua fría que entra en el tanque del inodoro para impedir que el tanque exude.

Ventilación de retroceso. Circuitos de ventilación arriba de una instalación, se conecta al desagüe o a una ventilación secundaria a un nivel más alto.

Ventilación húmeda. Arreglo de ventilación en el cual el tubo de drenaje se conecta directamente al tubo de desagüe de aguas negras y ventilación, también ventila la instalación.

Ventilación indirecta. La instalación se desagua, y se ventila, en el drenaje del piso o en un lavadero.

Ventilación individual. La instalación o grupo de instalaciones tiene su propia ventilación a través del techo.

"Y" sanitaria (o "y" griega). Conexión con tres salidas en forma de "Y".

Índice analítico